WANGLUO YUYUE CHUZU QICHE JIASHIYUAN
SUZHI TISHENG JIAOCHENG

# 网络预约出租汽车驾驶员
# 素质提升教程

《网络预约出租汽车驾驶员素质提升教程》编写组　编

人民交通出版社
北京

## 内 容 提 要

本教材依据《出租汽车驾驶员从业资格管理规定》《出租汽车驾驶员从业资格全国公共科目考试大纲》编写而成，共分为五章。教材内容以出租汽车驾驶员应知应会知识为重点，以“遵章守法、安全运营、优质服务”为主线，突出对出租汽车驾驶员能力的培养和素质的提升，包括出租汽车相关政策与法律法规、出租汽车安全运营、出租汽车驾驶员的社会责任与职业道德、出租汽车运营服务规范及其他相关知识。

本教材适合网络预约出租汽车驾驶员素质提升学习使用。

**图书在版编目（CIP）数据**

网络预约出租汽车驾驶员素质提升教程 / 网络预约出租汽车驾驶员素质提升教程编写组编. — 北京 : 人民交通出版社股份有限公司, 2024.5

ISBN 978-7-114-18871-8

Ⅰ. ①网… Ⅱ. ①网… Ⅲ. ①出租汽车—汽车驾驶员—资格考试—教材 Ⅳ. ①U469.120.9

中国国家版本馆CIP数据核字（2023）第119425号

**书　　名**：网络预约出租汽车驾驶员素质提升教程
**著 作 者**：《网络预约出租汽车驾驶员素质提升教程》编写组
**责任编辑**：姚　旭
**责任校对**：孙国靖　卢　弦
**责任印制**：刘高彤
**出版发行**：人民交通出版社
**地　　址**：（100011）北京市朝阳区安定门外外馆斜街3号
**网　　址**：http://www.ccpcl.com.cn
**销售电话**：（010）59757973
**总 经 销**：人民交通出版社发行部
**经　　销**：各地新华书店
**印　　刷**：北京虎彩文化传播有限公司
**开　　本**：787 × 1092　1/16
**印　　张**：7.25
**字　　数**：165千
**版　　次**：2024年 6 月　第 1 版
**印　　次**：2024年 6 月　第 1 次印刷
**书　　号**：ISBN 978-7-114-18871-8
**定　　价**：36.00元

# 前言

《关于深化改革推进出租汽车行业健康发展的指导意见》（国办发〔2016〕58号）和《网络预约出租汽车经营服务管理暂行办法》（交通运输部　工业和信息化部　公安部　商务部　工商总局　质检总局　国家网信办令2022年第42号）正式明确了网络预约出租汽车（简称“网约车”）的合法地位，也为传统巡游出租汽车（简称“巡游车”）发展指明了方向。出租汽车是城市综合交通运输体系的组成部分，是城市公共交通的补充，为社会公众提供个性化运输服务。巡游车和网约车实行协同发展和差异化经营，有助于为社会公众提供品质化、多样化的运输服务。

出租汽车行业也是重要的服务行业，在促进城乡经济发展、方便群众出行、扩大社会就业、树立城市形象等方面，具有非常重要的作用。网约车是出租汽车行业和互联网融合发展带来的新型出租汽车经营方式，与巡游车协同发展的同时，更要把保障乘客出行和维护人民群众合法权益放在首要位置。

随着我国城市化进程的加快，出租汽车出行需求将持续增加，人民群众对出租汽车安全保障和服务质量的要求也将越来越高。出租汽车具有驾驶员单人单车完成运营服务的特点，驾驶员的职业素质直接影响着行车安全和服务水平。《出租汽车驾驶员从业资格管理规定》明确出租汽车驾驶员从业资格考试包括全国公共科目和区域科目考试。全国公共科目考试是对国家出租汽车法律法规、职业道德、服务规范、安全运营等具有普遍规范要求的知识测试。巡游出租汽车驾驶员从业资格区域科目考试是对地方出租汽车政策法规、经营区域人文地理和交通路线等具有区域服务特征的知识测试。网络预约出租汽车驾驶员从业资格区域科目考试是对地方出租汽车政策法规等具有区域规范要求的知识测试。设区的市级以上地方人民政府出租汽车行政主管部门可以根据区域服务特征自行确定其他考试内容。

为提高出租汽车驾驶员从业素质，提升出租汽车行业服务质量和服务水平，我们依据《出租汽车驾驶员从业资格管理规定》（交通运输部令2021年第15号）、《出租汽车驾驶员从业资格全国公共科目考试大纲》、《网络预约出租汽车运营服务规范》（JT/T 1068—2016）、《巡游出租汽车运营服务规范》（JT/T 1069—2016）编写了本教材，教材覆盖出租汽车驾驶员从业资格考试全国公共科目内容，系统地介绍了出租汽车相关政策与法律法规、出租汽车安全运营、出租汽车驾驶员的社会责任与职业道德、出租汽车运营服务规范和其他相关知识。本教材以出租汽车驾驶员应知应会的知识为重点，突出对驾驶员能力的培养和素质的提升，具有较强的实用性、针对性和可操作性，图文并茂，便于理解。因巡游车与网约车驾驶员从业资格全国公共科目考试大纲与题库一致，因此本书也涵盖了巡游车相关内容，希望广大网约车驾驶员从业资格考试申请者，通过学习本教材，能够树立安全和服务意识，努力提升自身职业素养，切实提高服务能力和服务水平，让乘客出行更满意。

**编　者**

**2023年5月**

# 目录

# 第一章 网络预约出租汽车相关政策与法律法规

本章主要介绍《中华人民共和国安全生产法》（中华人民共和国主席令第88号，以下简称《安全生产法》）、《中华人民共和国道路交通安全法》（中华人民共和国主席令第47号，以下简称《道路交通安全法》）、《出租汽车驾驶员从业资格管理规定》（交通运输部令2021年第15号）、《网络预约出租汽车经营服务管理暂行办法》（交通运输部　工业和信息化部　公安部　商务部　工商总局　质检总局　国家网信办令2022年第42号）等与网络预约出租汽车运营服务相关的法律、法规知识。驾驶员通过对本章的学习，能够深入理解出租汽车相关运营法规，掌握法律、法规对出租汽车驾驶员的要求，强化遵纪守法的意识。

## 第一节 网络预约出租汽车行业改革政策

2016年7月28日，《关于深化改革推进出租汽车行业健康发展的指导意见》（国办发〔2016〕58号）（以下简称《指导意见》）和《网络预约出租汽车经营服务管理暂行办法》（后于2019年、2022年两次修订，以下简称《管理办法》）正式公布。《指导意见》的目标是，推进出租汽车行业结构改革，努力构建多样化、差异性出租汽车服务体系，切实提升服务水平和监管能力，促进出租汽车行业持续健康发展，更好地满足人民群众的个性化出行需求。

### 一 出租汽车定位

出租汽车是城市综合交通运输体系的组成部分，是城市公共交通的补充，为社会公众提供个性化运输服务。优先发展公共交通，适度发展出租汽车，具有优化城市交通结构的作用。出租汽车主要包括巡游出租汽车（简称“巡游车”）和网络预约出租汽车（简称“网约车”）两类。巡游车和网约车实行错位发展和差异化经营，有利于为社会公众提供品质化、多样化的运输服务。有序发展网约车，建立出租汽车运力动态调整机制，可有效缓解城市居民打车难的局面。

网约车

巡游车

## 二 网络预约出租汽车发展

《管理办法》和《指导意见》明确了网约车的合法地位，规定了平台公司承运人责任及平台公司、车辆和驾驶员应该具备的条件，并对平台公司经营行为、车辆报废、驾驶员专兼职从业、部门联合监管等事项作出了具体规定。《改革意见》则明确提出规范道路运输新业态新模式价格管理。规范网约车价格行为，对网约车实行市场调节价，城市人民政府认为确有必要的可实行政府指导价。网约车平台公司应主动公开定价机制和动态加价机制，通过公司网站、移动互联网应用程序（App）等方式公布运价结构、计价加价规则，保持加价标准合理且相对稳定，保障结算账单清晰、规范、透明，并接受社会监督。道路客运定制服务实行市场调节价。道路运输经营者按照价格政策规定制定或者调整价格、网约车平台公司调整定价机制或者动态加价机制，应至少提前7日向社会公布。

### 1 网络预约出租汽车平台公司

网约车平台公司是运输服务的提供者，应具备线上线下服务能力，承担承运人责任和相应的社会责任。提供网约车服务的驾驶员及其车辆，应符合提供载客运输服务的基本条件。对网约车实行市场调节价，城市人民政府认为确有必要的可实行政府指导价。

网约车平台公司取得《网络预约出租汽车经营许可证》的许可程序实行“两级工作、一级许可”。“两级工作”是指对网约车平台公司的线上、线下服务能力认定分别由企业注册所在地省级和服务所在地市级两级完成，“一级许可”是指由服务所在地出租汽车行政主管部门结合两级能力认定结果一次许可。

### 2 网络预约出租汽车经营行为

对网约车平台公司在经营过程中提出以下要求：

（1）要充分利用互联网信息技术，加强对提供服务的车辆和驾驶员的生产经营管理，不断提升乘车体验、提高服务水平。

（2）按照国家相关规定和标准提供运营服务，合理确定计程计价方式，保障运营安全和乘客合法权益，不得有不正当价格行为。

（3）加强网络和信息安全防护，建立健全数据安全管理制度，依法合规采集、使用和保护个人信息，不得泄露涉及国家安全的敏感信息，所采集的个人信息和生成的业务数据应当在中国内地存储和使用。

（4）要维护和保障驾驶员合法权益，与专职和兼职驾驶员签订劳动合同或协议。

### 3 网络预约出租汽车和驾驶员

符合相关条件（见本章第三节）的车辆（含私家车），在登记为“预约出租客运”，取得《网络预约出租汽车运输证》，转变为合规的营运车辆后，方可从事网约车经营服务。

网约车的安全技术检验和环保检验，自注册登记之日起，5年内每年检验1次；超过5年的，每6个月检验1次。网约车投保交强险、第三者责任险等相关保险时，适用于营运客车类保险费率。

网约车行驶里程达到60万km时强制报废。行驶里程未达到60万km但使用年限达到8年时，须退出网约车经营。小、微型非营运载客汽车登记为预约出租客运的，按照网约车报废标准报废。其他小、微型营运载客汽车登记为预约出租客运的，按照该类型营运载客汽车报废标准和网约车报废标准中先行达到的标准报废。

无论是专职还是兼职作为网约车驾驶员，除了具有3年以上驾龄外，还应该是“五无”人员（见本章第二节），并经过考核取得《网络预约出租汽车驾驶员证》。

## 三 巡游出租汽车发展

针对巡游车存在的问题，《指导意见》提出了具体解决办法。

（1）明确新增出租汽车经营权实行期限制和无偿使用。既有经营权未明确具体经营期限或已实行经营权有偿使用的，由城市人民政府制定科学过渡方案，合理确定经营期限，逐步取消有偿使用费，不得炒卖和擅自转让。

（2）构建企业和驾驶员运营风险共担、利益合理分配的经营模式。由各方协商确定并动态调整承包费标准或定额任务（俗称份子钱）；通过改革经营模式、降低过高的承包费和抵押金等，有效降低驾驶员负担。

（3）鼓励新老业态通过兼并、入股等方式融合发展。鼓励巡游车企业通过网约车服务等方式实现转型升级。

2019年11月，交通运输部、国家发展改革委联合印发了《关于深化道路运输价格改革的意见》（交运规〔2019〕17号，以下简称《改革意见》），明确了巡游车运价改革方向、改革重点：加快健全运价形成机制，建立完善运价动态调整机制，并定期评估完善。要根据本地实际情况，综合考虑出租汽车运营成本、居民和驾驶员收入水平、交通状况、服务质量等因素，按照规定程序，及时调整巡游出租汽车运价水平和结构。鼓励各地逐步建立完善运价调整机制，对运价调整机制进行听证，达到启动条件时应及时实施运价调整并向社会公告，实现运价调整工作机制化、动态化，增强价格时效性、灵活性。同时，《改革意见》也对网约车运价及经营服务管理等方面提出了要求。

# 第二节 网络预约出租汽车驾驶员相关规定

网约车驾驶员有关的法律和法规，既包括网约车驾驶员从业资格考试、注册、继续教育、从业资格证件管理的规定，也包括网约车驾驶员的权利与驾驶员应尽的义务等内容，还包括网约车驾驶员诚信考核的规定。

## 一 驾驶员从业管理

交通运输部颁发的《出租汽车驾驶员

出租汽车驾驶员从业资格管理规定

从业资格管理规定》规定：国家对从事出租汽车客运服务的驾驶员实行从业资格制度。从业资格制度包括考试、注册、继续教育和从业资格证件管理等内容。

## 1 考试

（1）网约车驾驶员从业资格考试包括全国公共科目和区域科目考试，见表1-1。

网约车驾驶员从业资格考试内容　　表1-1

| 全国公共科目考试 | 区域科目考试 |
|---|---|
| •国家出租汽车法律法规<br>•职业道德<br>•服务规范<br>•安全运营 | •地方出租汽车政策法规 |

（2）拟从事出租汽车客运服务的驾驶员，应当填写《出租汽车驾驶员从业资格证申请表》，向所在地设区的市级道路运输管理机构申请参加出租汽车驾驶员从业资格考试。

（3）申请参加网约车驾驶员从业资格考试的，应当符合下列条件：

①取得相应准驾车型机动车驾驶证并具有3年以上驾驶经历。

②无交通肇事犯罪、危险驾驶犯罪记录，无吸毒记录，无饮酒后驾驶记录，最近连续3个记分周期内没有记满12分记录。

③无暴力犯罪记录。

④城市人民政府规定的其他条件。

（4）考试合格成绩有效期为3年。全国公共科目考试成绩在全国范围内有效，区域科目考试成绩在所在地行政区域内有效。

（5）驾驶员从业资格考试全国公共科目和区域科目考试均合格的，由设区的市级出租汽车行政主管部门自公布考试成绩之日起10日内向网约车驾驶员核发从业资格证。

（6）驾驶员到从业资格证发证机关核定的范围外从事出租汽车客运服务的，应当参加当地的区域科目考试。区域科目考试合格的，由当地设区的市级出租汽车行政主管部门核发从业资格证。

## 2 注册

取得从业资格证的驾驶员，经出租汽车行政主管部门完成从业资格注册后，方可从事出租汽车客运服务。网约车驾驶员从业资格注册有效期为3年，注册的各类情况见表1-2。

网约车驾驶员注册　　表1-2

| 项　目 | 网约车驾驶员 |
|---|---|
| 注册 | 通过网约车平台公司经营者向发证机关所在地出租汽车行政主管部门报备完成，报备信息包括驾驶员从业资格证信息、与网约车平台公司经营者签订的劳动合同或者协议等 |
| 注销注册 | 与网约车平台公司经营者解除劳动合同或者协议的，通过网约车平台公司向发证机关所在地出租汽车行政主管部门报备完成注销 |

驾驶员不具有完全民事行为能力，或者受到刑事处罚且刑事处罚尚未执行完毕的，不予延续注册。

## 3 继续教育

（1）驾驶员在注册期内应当按规定完成继续教育。取得从业资格证超过3年未申请注册的，注册后上岗前应当完成不少于27学时的继续教育。

（2）交通运输部统一制定出租汽车驾驶员继续教育大纲并向社会公布。继续教育

大纲内容包括出租汽车相关政策法规、社会责任和职业道德、服务规范、安全运营和节能减排知识等。

（3）驾驶员继续教育由出租汽车经营者组织实施。

（4）驾驶员完成继续教育后，应当由出租汽车经营者向所在地出租汽车行政主管部门报备，出租汽车行政主管部门在出租汽车驾驶员从业资格证中予以记录。

（5）出租汽车经营者应当建立学员培训档案，将继续教育计划、继续教育师资情况、参培学员登记表等纳入档案管理，并接受出租汽车行政主管部门的监督检查。

## 4 从业资格证件管理

（1）网约车驾驶员从业资格证由交通运输部统一制发并制定编号规则。设区的市级出租汽车行政主管部门负责从业资格证的发放和管理工作。

中华人民共和国

网络预约出租汽车

驾驶员证

中华人民共和国交通运输部制

（2）驾驶员在从事网约车客运服务时，应当携带从业资格证。从业资格证不得转借、出租、涂改、伪造或者变造。

（3）网约车行政主管部门建立的驾驶员从业资格管理档案包括：从业资格考试申请材料、从业资格证申请、注册及补（换）发记录、违法行为记录、交通责任事故情况、继续教育记录和服务质量信誉考核结果等。

从业资格证件的主要管理内容见表1-3。

**从业资格证件管理** 表1-3

| 情　形 | 适用条件及要求 | 备　注 |
| --- | --- | --- |
| 证件补发、换发 | 证件遗失、毁损的，驾驶员应当到原发证机关办理证件补（换）发手续 | 申请人违反相关从业资格管理规定且尚未接受处罚的，应当接受处罚后再予补发、换发 |
| 证件注销 | 持证人死亡的、申请注销的、达到法定退休年龄的、机动车驾驶证被注销或者被吊销的、因身体健康等其他原因不宜继续从事出租汽车客运服务的，由发证机关注销其从业资格证 | 从业资格证被发证机关注销，应当及时收回；无法收回的，由发证机关公告作废 |
| 证件撤销 | 持证人身体健康状况不再符合从业要求且没有主动申请注销从业资格证的，有交通肇事犯罪、危险驾驶犯罪记录，有吸毒记录，有饮酒后驾驶记录，有暴力犯罪记录，最近连续3个记分周期内记满12分记录的，由发证机关撤销其从业资格证 | 从业资格证被发证机关撤销，并公告作废 |

### 不允许网约车驾驶员出现的行为

网约车驾驶员在运营过程中，应当遵守国家对驾驶员在法律法规、职业道德、服务规范、安全运营等方面的资格规定，文明行车、优质服务。依照《出租汽车驾驶员从业资格管理规定》，网约车驾驶员不得有下列行为：

（1）途中甩客或者故意绕道行驶。

(2)不按照规定携带道路运输证、从业资格证。

(3)不按照规定使用出租汽车相关设备。

(4)不按照规定使用文明用语，车容车貌不符合要求。

(5)未经乘客同意搭载其他乘客。

(6)不按照规定出具相应车费票据。

(7)违反规定巡游揽客、站点候客。

(8)无正当理由未按承诺到达约定地点提供预约服务。

(9)违规收费。

(10)对举报、投诉其服务质量或者对其服务作出不满意评价的乘客实施报复。

网约车驾驶员有以上违法行为的，应当加强继续教育；情节严重的，出租汽车行政主管部门应当对其延期注册。

## 二 驾驶员权利和义务

为了加强安全生产监督管理，防止和减少生产安全事故的发生，保障人民群众生命和财产安全，促进经济发展，《安全生产法》明确了从业人员享有的权利、应尽的义务及所应承担的法律责任，确定了安全生产管理坚持“安全第一、预防为主”的方针。

### 1 驾驶员的权利

(1)按照有关法律法规规定，根据工作时长、服务频次等特点，网约车平台公司应与驾驶员签订多种形式的劳动合同或者协议，明确双方的权利和义务。

(2)劳动合同或协议中应当载明有关保障驾驶员劳动安全、防止职业危害的事项，以及依法为驾驶员办理工伤保险的事项。网约车平台公司不得以任何形式与驾驶员订立协议，免除或者减轻其对驾驶员因生产安全事故伤亡导致其依法应承担的责任。

(3)网约车平台公司应当对驾驶员开展有关法律法规、职业道德、服务规范、安全运营等方面的岗前培训和日常教育，保证线上提供服务的驾驶员与线下实际提供服务的驾驶员一致，并将驾驶员相关信息向服务所在地出租汽车行政主管部门报备。

### 2 驾驶员的义务

网约车驾驶员应当接受安全运营教育和培训，掌握本职工作所需的安全知识，提高安全驾驶和为乘客服务的技能，增强事故预防和应急处置能力。

(1)行驶前，驾驶员应当对车辆的安全技术性能进行认真检查，不得驾驶安全设施不全或者机件不符合技术标准等具有安全隐患的车辆。

(2)驾驶员应当遵守道路交通安全法律、法规的规定，按照操作规范安全驾驶、文明驾驶。饮酒、服用国家管制的精神药品或者麻醉药品、患有妨碍安全驾驶机动车的疾病、过度疲劳影响安全驾驶的，不得驾驶车辆。

（3）驾驶员在一个记分周期（12个月）内记分达到12分的，由公安机关交通管理部门扣留其机动车驾驶证，驾驶员应当按照规定参加道路交通安全法律、法规的学习并接受考试。考试合格的，记分予以清除，发还机动车驾驶证；考试不合格的，继续参加学习和考试。

（4）驾驶员在机动车驾驶证和从业资格证丢失、损毁、超过有效期或者被依法扣留、暂扣期间，以及机动车驾驶证记分达到12分或者从业资格证未经注册等情况下，均不得驾驶车辆。

（5）为乘客提供快捷、舒适、文明的规范服务。允许网约车平台公司提供驾驶员姓名、照片、手机号码和服务评价结果，以及车辆牌照等信息。

## 三 驾驶员违法处罚

### 1 违法驾驶行为的处罚规定

《道路交通安全法》规定，对驾驶员道路交通安全违法行为的处罚种类包括：警告、罚款、暂扣或者吊销机动车驾驶证、拘留。道路交通安全违法行为行政处罚的种类见表1-4。

中华人民共和国道路交通安全法有关规定

道路交通安全违法行为行政处罚的种类　　表1-4

| 行政处罚的种类 | 含　义 |
|---|---|
| 警告 | 对违反交通安全法规，情节轻微，未影响道路通行，后果不严重的交通安全违法行为实施的强制性告诫措施 |
| 罚款 | 强制交通安全违法行为人当场或者在规定的期限内交纳一定数额金钱的行政处罚措施 |
| 暂扣机动车驾驶证 | 因机动车驾驶员的交通安全违法行为而暂停其驾驶资格的处罚措施 |
| 吊销机动车驾驶证 | 对发生重大交通事故构成犯罪，或者有酒驾、肇事后逃逸行为，以及其他违反道路交通法规的机动车驾驶员实施的取消其驾驶资格的处罚措施 |
| 拘留 | 对交通安全违法行为人实施的在短时间内限制其人身自由的行政处罚措施 |

（1）驾驶员违反道路交通安全法律、法规关于道路通行规定的，处警告或者20元以上200元以下罚款。

（2）饮酒后驾驶出租汽车的，处15日拘留，并处5000元罚款，吊销机动车驾驶证，5年内不得重新取得机动车驾驶证。

（3）醉酒驾驶出租汽车的，由公安机关交通管理部门约束至酒醒，吊销机动车驾驶证，依法追究刑事责任；10年内不得重新取得机动车驾驶证，重新取得机动车驾驶证后，不得驾驶营运机动车。

（4）饮酒后或者醉酒驾驶机动车发生重大交通事故，构成犯罪的，依法追究刑事责任，并由公安机关交通管理部门吊销机动车驾驶证，终生不得重新取得机动车驾驶证。

**《中华人民共和国刑法》（依据《中华人民共和国刑法修正案（十一）》修正）有关规定**

驾驶员违反交通运输管理法规，因而发生重大事故，致人重伤、死亡或者使公私财产遭受重大损失的，处3年以下有期徒刑或者拘役；交通运输肇事后逃逸或者有其他特别恶劣情节的，处3年以上7年以下有期徒刑；因逃逸致人死亡的，

处7年以上有期徒刑。

在道路上驾驶机动车，有下列情形之一的，处拘役，并处罚金：

（1）追逐竞驶，情节恶劣的。

（2）醉酒驾驶机动车的。

（3）从事校车业务或者旅客运输，严重超过额定乘员载客，或者严重超过规定时速行驶的。

（4）违反危险化学品安全管理规定运输危险化学品，危及公共安全的。

机动车所有人、管理人对前款第3项、第4项行为负有直接责任的，依照前款的规定处罚。

有前两款行为，同时构成其他犯罪的，依照处罚较重的规定定罪处罚。

### 2 违反从业资格管理的处罚规定

出租汽车驾驶员有违反《出租汽车驾驶员从业资格管理规定》的行为，需要承担法律责任，并接受相应的处罚（表1-5）。

**违反规定的行为及处罚标准** 表1-5

| 序号 | 违反规定的行为 | 处罚标准 |
|---|---|---|
| 1 | 未取得从业资格证或者超越从业资格证核定范围，驾驶出租汽车从事经营活动 | 县级以上出租汽车行政主管部门责令改正，并处200元以上2000元以下的罚款；构成犯罪的，依法追究刑事责任 |
| 2 | 使用失效、伪造、变造的从业资格证，驾驶出租汽车从事经营活动 | |
| 3 | 转借、出租、涂改从业资格证 | |
| 4 | 途中甩客或者故意绕道行驶 | 县级以上出租汽车行政主管部门责令改正，并处200元以上500元以下的罚款 |
| 5 | 不按照规定使用出租汽车相关设备 | |
| 6 | 不按照规定使用文明用语，车容车貌不符合要求 | |
| 7 | 未经乘客同意搭载其他乘客 | |
| 8 | 不按照规定出具相应车费票据 | |
| 9 | 网约车驾驶员违反规定巡游揽客、站点候客 | |
| 10 | 巡游车驾驶员拒载；或者未经约车人或乘客同意，网约车驾驶员无正当理由未按承诺到达约定地点提供预约服务 | |
| 11 | 巡游车驾驶员不按照规定使用计程计价设备、违规收费或者网约车驾驶员违规收费 | 县级以上出租汽车行政主管部门责令改正，并处200元以上500元以下的罚款 |
| 12 | 对举报、投诉其服务质量或者对其服务作出不满意评价的乘客实施报复 | |
| 13 | 违反《出租汽车驾驶员从业资格管理规定》第十六条之规定 | |

## 四 驾驶员服务质量信誉考核

为规范出租汽车经营行为，建立完善出租汽车行业诚信体系，交通运输部颁发了《出租汽车服务质量信誉考核办法（试行）》（交运发〔2011〕463号）。2018年5月，修订后的《出租汽车服务质量信誉考核办法》（交运发〔2018〕58号）正式印发（后于2022年5月修订，交运规〔2022〕2号），旨在进一步完善出租汽车信用管理

体系，提升出租汽车服务水平。出租汽车服务质量信誉考核包括对出租汽车企业和驾驶员的服务质量信誉考核，其中出租汽车驾驶员服务质量信誉考核是指在一定的考核周期内，对驾驶员在出租汽车服务中各方面的综合评价。

### 1 信誉考核周期与考核内容

驾驶员服务质量信誉周期为12月。驾驶员服务质量信誉考核包括以下4个内容。

（1）遵守法规：遵守相关法律、法规、规章等情况。

（2）安全生产：参加教育培训和发生交通责任事故等情况。

（3）经营行为：发生交通违法行为、经营违法行为等情况。

（4）运营服务：文明优质服务、维护乘客权益、乘客投诉等情况。

### 2 考核等级划分

考核等级分为优良、合格、基本合格和不合格共4级，分别用AAA级、AA级、A级和B级表示。

### 3 考核分值、周期及计分标准

（1）实行基准分值为20分的计分制，另外加分分值为10分。

（2）考核周期为每年的1月1日至12月31日。

（3）取得从业资格证件但在考核周期内未注册在岗的，不参加服务质量信誉考核。

（4）违反服务质量信誉考核指标的，一次扣分分值分别为1分、3分、5分、10分、20分共5种，扣至0分为止。

（5）出租汽车驾驶员有见义勇为、救死扶伤、拾金不昧等先进事迹的，出租汽车行政主管部门应给予相应加分奖励。加分累计不得超过10分。

### 4 考核等级评定标准

（1）网约车驾驶员服务质量信誉考核等级按照下列标准进行评定：

①考核周期内综合得分为20分及以上的，考核等级为AAA级。

②考核周期内综合得分为11～19分的，考核等级为AA级。

③考核周期内综合得分为4～10分的，考核等级为A级。

④考核周期内综合得分0～3分的，考核等级为B级。

（2）网约车驾驶员在考核周期内注册在岗时间少于6个月的，其服务质量信誉考核等级最高为AA级。

（3）网约车驾驶员服务质量信誉考核计分标准。表1-6中的评分标准为出租汽车驾驶员服务质量信誉考核工作参考依据，设区的市级以上出租汽车行政主管部门可根据实际，以驾驶员服务质量信誉考核情况为基本依据，制定本地区巡游车单车服务质量信誉考核办法，并组织实施。个体巡游车经营的服务质量信誉考核，重点考核驾驶员的服务质量信誉。经营者的服务质量信誉考核及奖惩措施，由省级交通运输主管部门参照本办法制定。省、市交通运输主管部门可依据本办法细化考核标准、考核方式及奖惩措施等。

**网约车驾驶员服务质量信誉考核评分标准** 表1-6

| 分值 | 评分标准 |
| --- | --- |
| 网约车驾驶员有所列情形之一的，扣20分 | 在网约车经营活动中，发生交通事故致人死亡且负同等、主要或全部责任 |
| | 驾驶未取得网约车运输证的车辆、或以私人小客车合乘名义擅自从事网约车经营活动 |
| | 转借、出租从业资格证 |
| | 将网约车交给无从业资格证件的人员驾驶，并从事网约车经营活动 |
| | 殴打、威胁、恐吓、骚扰乘客 |

续上表

| 分　值 | 评分标准 |
|---|---|
| 网约车驾驶员有所列情形之一的，扣20分 | 故意泄露乘客信息或以其他方式侵犯乘客隐私 |
| | 对举报、投诉其服务质量或对其服务质量做出不满意评价的乘客实施报复行为 |
| | 拾到乘客遗留物品拒不上交 |
| | 拒绝接受依法检查，或采取故意堵塞交通等方式阻碍行政执法 |
| | 违反法律法规，参与影响社会公共秩序、损害社会公众利益等停运事件 |
| | 本次考核过程中或者上一次考核等级签注后，发现有弄虚作假或者隐瞒诚信考核相关情况，且情节严重 |
| 网约车驾驶员有所列情形之一的，扣10分 | 在网约车经营活动中，发生交通事故致人受伤且负同等、主要或全部责任 |
| | 擅自涂改、伪造、变造从业资格证件及相关记录 |
| | 将网约车交给取得从业资格证、但未经注册的人员驾驶，并从事网约车经营活动 |
| | 无正当理由未按承诺到达约定地点提供服务的或无正当理由要求乘客取消订单 |
| | 营运途中无正当理由擅自中断服务 |
| | 不积极配合处理乘客举报、投诉或者其他纠纷 |
| 网约车驾驶员有所列情形之一的，扣5分 | 不按规定参加继续教育 |
| | 未到约定上车地点时提前确认车辆已到达 |
| | 未经乘客同意，故意绕道 |
| | 未经乘客同意，强行搭乘其他乘客 |
| | 未按规定随车携带有效消防器材 |
| | 卫星定位装置、应急报警装置等车载设备不能正常使用而继续运营 |
| | 不按照规定使用计程计价设备、违规收费 |
| | 实际提供服务车辆、驾驶员与线上提供服务车辆、驾驶员信息不一致 |
| | 违反规定巡游揽客或在巡游车专用通道、站点等区域候客、揽客 |
| 网约车驾驶员有所列情形之一的，扣3分 | 车辆外观标志与当地规定不符，从事网约车经营活动 |
| | 车容车貌不整洁 |
| | 仪容仪表不整，不按规定使用文明用语 |
| | 营运过程中行为举止不符合有关要求 |
| | 向车外抛物、吐痰或在车内抽烟 |
| | 使用服务忌语 |
| 网约车驾驶员有所列情形之一的，扣1分 | 未按规定携带从业资格证件、网约车运输证，从事网约车经营活动 |
| | 不按乘客意愿使用音响和空调等设施设备 |
| 网约车驾驶员有所列情形之一的，加5分或10分 | 有见义勇为、救死扶伤等先进事迹 |
| 网约车驾驶员有所列情形之一的，加3分 | 有重大拾金不昧行为 |
| | 受主流媒体报道表扬 |
| | 有协助查处违法行为 |
| 网约车驾驶员有所列情形之一的，加1分 | 积极参加抢险救灾、义务服务等社会公益活动 |

### 5 组织实施与签注

（1）出租汽车驾驶员服务质量信誉考核工作每年进行一次。

（2）出租汽车驾驶员应当在服务质量信誉考核周期届满后30日内，持本人的从业资格证件到当地出租汽车行政主管部门签注服务质量信誉考核等级。鼓励出租汽车行政主管部门对出租汽车驾驶员服务质量信誉考核等级实施网上签注。

出租汽车驾驶员一个考核周期届满，经签注服务质量信誉考核等级后，该考核周期内的扣分与加分予以清除，不转入下一个考核周期。

（3）出租汽车驾驶员在考核周期内综合得分计至3分及以下的，应当在计至3分及以下之日起15日内，按有关规定接受培训，并到出租汽车行政主管部门办理清除计分手续。

出租汽车行政主管部门应将有关信息录入出租汽车驾驶员数据库，清除培训前的扣分和加分。在本次服务质量信誉考核周期内，出租汽车驾驶员服务质量信誉考核等级为B级。

### 6 考核奖惩

（1）出租汽车行政主管部门应当在巡游车服务监督卡上标注巡游车驾驶员服务质量信誉考核等级。鼓励通过车载智能终端或电子监督卡等形式标注巡游车驾驶员服务质量信誉考核等级。网约车驾驶员服务质量信誉考核等级由网约车平台公司在移动互联网应用程序客户端上标注。

（2）鼓励出租汽车行政主管部门、出租汽车企业以及相关社团组织对服务质量信誉考核等级为AAA级的出租汽车驾驶员进行表彰奖励。出租汽车行政主管部门应当引导出租汽车企业优先聘用服务质量信誉考核等级高的出租汽车驾驶员，鼓励将出租汽车驾驶员信誉考核等级与其薪资待遇、晋升、培训、辞退挂钩。

（3）出租汽车企业应当加强对服务质量信誉考核等级为B级的出租汽车驾驶员的教育和管理。

（4）出租汽车驾驶员有下列情形之一的，出租汽车行政主管部门应当将其列入不良记录驾驶员名单：

①在考核周期内服务质量信誉考核综合得分为0 分，且未按照规定参加培训的；

②连续两个考核周期服务质量信誉考核等级均为B级的；

③在一个考核周期内累计综合得分有两次以上被计至3分及以下的；

④无正当理由超过规定时间，未签注服务质量信誉考核等级的；

⑤发生其他严重违法行为或服务质量事故的。

出租汽车行政主管部门应当建立不良记录驾驶员名单数据库，为出租汽车企业提供查询服务，并加强对不良记录驾驶员的培训教育和管理。

## 第三节 网络预约出租汽车相关规定

《管理办法》是网约车行业管理的基本制度，其目的是更好地满足社会公众多样化出行需求，促进出租汽车行业和互联网融合发展，规范网约车经营服务行为，保障运营安全和乘客合法权益。

### 一 经营许可

（1）申请从事网约车经营的，应当具备线上线下服务能力，并符合表1-7中的条件。

申请从事网约车经营的条件　表1-7

| 序号 | 应具备的条件 |
| --- | --- |
| 1 | 具有企业法人资格 |
| 2 | 具备开展网约车经营的互联网平台和与拟开展业务相适应的信息数据交互及处理能力，具备供交通、通信、公安、税务、网信等相关监管部门依法调取查询相关网络数据信息的条件，网络服务平台数据库接入出租汽车行政主管部门监管平台，服务器设置在中国内地，有符合规定的网络安全管理制度和安全保护技术措施 |
| 3 | 使用电子支付的，应当与银行、非银行支付机构签订提供支付结算服务的协议 |
| 4 | 有健全的经营管理制度、安全生产管理制度和服务质量保障制度 |
| 5 | 在服务所在地有相应服务机构及服务能力 |
| 6 | 外商投资网约车经营的，除符合上述条件外，还应当符合外商投资相关法律法规的规定 |

（2）出租汽车行政主管部门对于网约车经营申请作出行政许可决定的，应明确经营范围、经营区域、经营期限等，并发放《网络预约出租汽车经营许可证》。

（3）网约车平台公司应当在取得相应《网络预约出租汽车经营许可证》并向企业注册地省级通信主管部门申请互联网信息服务备案后，方可开展相关业务。备案内容包括经营者真实身份信息、接入信息、出租汽车行政主管部门核发的《网络预约出租汽车经营许可证》等。涉及经营电信业务的，还应当符合电信管理的相关规定。

（4）网约车平台公司应当自网络正式联通之日起30日内，到网约车平台公司管理运营机构所在地的省级人民政府公安机关指定的受理机关办理备案手续。

（5）网约车平台公司暂停或者终止运营的，应当提前30日向服务所在地出租汽车行政主管部门书面报告，说明有关情况，通告提供服务的车辆所有人和驾驶员，并向社会公告。终止经营的，应当将相应《网络预约出租汽车经营许可证》交回原许可机关。

## 二 车辆和驾驶员

（1）拟从事网约车经营的车辆，应当符合以下条件：

①7座及以下乘用车。

②安装具有行驶记录功能的车辆卫星定位装置、应急报警装置。

③车辆技术性能符合运营安全相关标准要求。

车辆的具体标准和营运要求，由相应的出租汽车行政主管部门按照高品质服务、差异化经营的发展原则，结合本地实际情况确定。

服务所在地出租汽车行政主管部门依车辆所有人或者网约车平台公司申请，按以上规定的条件审核后，对符合条件并登记为预约出租客运的车辆，发放《网络预约出租汽车运输证》。

（2）从事网约车服务的驾驶员，应当符合以下条件：

①取得相应准驾车型机动车驾驶证并具有3年以上驾驶经历。

②无交通肇事犯罪、危险驾驶犯罪记录，无吸毒记录，无饮酒后驾驶记录，最近连续3个记分周期内没有记满12分记录。

③无暴力犯罪记录。

④城市人民政府规定的其他条件。

服务所在地设区的市级出租汽车行政主管部门依驾驶员或者网约车平台公司申请，按以上规定的条件核查并按规定考核后，为符合条件且考核合格的驾驶员，发放《网络预约出租汽车驾驶员证》。

## 三 经营行为

（1）网约车平台公司承担承运人责任，应当保证运营安全，保障乘客合法权益。

（2）网约车平台公司应当保证提供服务车辆具备合法营运资质，技术状况良好，安全性能可靠，具有营运车辆相关保险，保证线上提供服务的车辆与线下实际提供服务的车辆一致，并将车辆相关信息向服务所在地出租汽车行政主管部门报备。

（3）网约车平台公司应当保证提供服务的驾驶员具有合法从业资格。网约车平台公司应当维护和保障驾驶员合法权益，开展有关法律法规、职业道德、服务规范、安全运营等方面的岗前培训和日常教育，保证线上提供服务的驾驶员与线下实际提供服务的驾驶员一致，并将驾驶员相关信息向服务所在地出租汽车行政主管部门报备。

（4）网约车平台公司应当记录驾驶员、约车人在其服务平台发布的信息内容、用户注册信息、身份认证信息、订单日志、上网日志、网上交易日志、行驶轨迹日志等数据并备份。

（5）网约车平台公司应当公布确定符合国家有关规定的计程计价方式，明确服务项目和质量承诺，建立服务评价体系和乘客投诉处理制度，如实采集与记录驾驶员服务信息。在提供网约车服务时，提供驾驶员姓名、照片、手机号码和服务评价结果，以及车辆牌照等信息。

（6）网约车平台公司应当合理确定网约车运价，实行明码标价，并向乘客提供相应的出租汽车发票。

（7）网约车平台公司不得妨碍市场公平竞争，不得侵害乘客合法权益和社会公共利益。网约车平台公司不得有为排挤竞争对手或者独占市场，以低于成本的价格运营扰乱正常市场秩序，损害国家利益或者其他经营者合法权益等不正当价格行为，不得有价格违法行为。

（8）网约车应当在许可的经营区域内从事经营活动，超出许可的经营区域的，起讫点一端应当在许可的经营区域内。

（9）网约车平台公司应当依法纳税，为乘客购买承运人责任险等相关保险，充分保障乘客权益。

（10）网约车平台公司应当加强安全管理，落实运营、网络等安全防范措施，对相关数据实行严格的安全保护和管理，提高安全防范和抗风险能力，支持配合有关部门开展相关工作。

（11）网约车平台公司和驾驶员提供经营服务应当符合国家有关运营服务标准，不得途中甩客或者故意绕道行驶，不得违规收费，不得对举报、投诉其服务质量或者对其服务作出不满意评价的乘客实施报复行为。

（12）网约车平台公司应当通过其服务平台以显著方式将驾驶员、约车人和乘客等个人信息的采集和使用的目的、方式和范围进行告知。未经信息主体明示同意，网约车平台公司不得使用前述个人信息用于开展其他业务。

网约车平台公司采集的驾驶员、约车人和乘客个人信息，不得超越提供网约车业务所必需的范围。

除配合国家机关依法行使监督检查权或者刑事侦查权外，网约车平台公司不得向任何第三方提供驾驶员、约车人和乘客的姓名、联系方式、家庭住址、银行账户或者支付账户、地理位置、出行线路等个人信息，不得泄露地理坐标、地理标志物等涉及国家安全的敏感信息。发生信息泄露后，网约车平台公司应当及时向相关主管部门报告，并采取及时有效的补救措施。

（13）网约车平台公司应当遵守国家网络和信息安全有关规定，所采集的个人信息和生成的业务数据，应当在中国内地存储和使用，保存期限不少于2年，除法律法规另有规定外，上述信息和数据不得外流。

网约车平台公司不得利用其服务平台发布法律法规禁止传播的信息，不得为企业、个人及其他团体、组织发布有害信息提供便利，并采取有效措施过滤阻断有害信息

传播。发现他人利用其网络服务平台传播有害信息的，应当立即停止传输，保存有关记录，并向国家有关机关报告。

网约车平台公司应当依照法律规定，为公安机关依法开展国家安全工作，防范、调查违法犯罪活动提供必要的技术支持与协助。

（14）任何企业和个人不得向未取得合法资质的车辆、驾驶员提供信息，对接开展网约车经营服务。不得以私人小客车合乘名义提供网约车经营服务。

网约车和驾驶员不得通过未取得经营许可的网络服务平台提供运营服务。

## 四 驾驶员的法律责任

网约车驾驶员有违反《管理办法》的行为，需要承担法律责任，接受相应的处罚（表1-8）。

**违规行为及处罚标准** 表1-8

| 序号 | 违规行为 | 处罚标准 |
| --- | --- | --- |
| 1 | 未取得经营许可，擅自从事或者变相从事网约车经营活动的 | 由县级以上出租汽车行政主管部门责令改正，予以警告，并处1万元以上3万元以下罚款；构成犯罪的，依法追究刑事责任 |
| 2 | 伪造、变造或者使用伪造、变造、失效的《网络预约出租汽车运输证》《网络预约出租汽车驾驶员证》从事网约车经营活动的 | |
| 3 | 未按照规定携带《网络预约出租汽车运输证》《网络预约出租汽车驾驶员证》的 | 由县级以上出租汽车行政主管部门和价格主管部门按照职责责令改正，对每次违法行为处50元以上200元以下罚款 |
| 4 | 途中甩客或故意绕道行驶的 | |
| 5 | 违规收费的 | |
| 6 | 对举报、投诉其服务质量或对其服务作出不满意评价的乘客实施报复行为的 | |
| 7 | 违法使用或者泄露约车人、乘客个人信息的 | 由公安、网信等部门依照各自职责处2000元以上1万元以下罚款；给信息主体造成损失的，依法承担民事责任；涉嫌犯罪的，依法追究刑事责任 |

# 第二章 网络预约出租汽车安全运营

本章主要介绍网络预约出租汽车驾驶员心理健康和生理健康、安全行驶、紧急情况处理、防暴防劫和自我安全防范、危险化学品识别与处置等方面的知识。驾驶员通过对本章的学习，能够了解心理健康调节方法、常见职业病及预防措施、常见危险化学品识别与处置办法，掌握安全行驶要领、常见车辆紧急情况处理方法及防暴防劫的安全防范措施。

## 第一节 网络预约出租汽车驾驶员心理健康和生理健康

网约车驾驶员具有职业特殊性，在复杂的交通环境中，长时间连续工作、精神高度集中、与不同的人打交道，因此，驾驶员的心理和生理状态与安全行车有着非常紧密的关系。驾驶员掌握一定的心理和生理健康常识，采取一些积极的心理调节方法和预防保健措施，对出租汽车安全运营有着十分重要的意义。

### 一 驾驶员心理健康与调节方法

网约车驾驶员的心理状态是影响安全驾驶的重要因素之一。易发生事故的驾驶员往往具有潜在的、特定的心理特征。行车中，驾驶员的心理发生变化时，要尽早地意识到危险，及时进行心理调节，加强自我认知和情绪控制力，确保行车安全。

#### 1 常见心理问题

网约车驾驶员常见的心理问题有以下8种：

**1 急躁心理**

一些驾驶员在遇到行驶缓慢、交通拥堵、等候红灯等交通状况时，性急、不冷静，不能控制情绪，超速行驶，频繁变更车道，路口抢行，强行超车、并道。这种不健康的心理，极易导致交通事故的发生。

**牢记：**

十次肇事九次快，心情急躁事故来。驾

驶员在行车过程中要克服急躁心理，经常告诫自己不冲动、不急躁，保持稳定的情绪，按照交通法规通行。

### 2 自满心理

一些驾驶员在经过一段时间的运营后，自我感觉驾驶技术已熟练，满足于已有的所谓水平而沾沾自喜。产生这种心理后，缺少继续学习专业知识或提高驾驶技术的动力，变得骄傲自大，不思进取，听不进提醒和忠告。行车中，满不在乎，我行我素，驾驶车辆时接打手机、吸烟，甚至形成长期违法的驾驶习惯。往往在发生事故后，驾驶员才能清醒地认识到这种不健康心理的危害，但为时已晚。

**牢记：**

**骄傲自大存后患，自满心理害自己。出租汽车驾驶员责任重大，任何时候都不应该有骄傲自满心理，而应常怀自省之心，不断提高安全驾驶技能，强化安全驾驶意识。**

### 3 好胜心理

一些驾驶员比较要强，总是喜欢胜过别人。自我感觉驾驶技术比谁都强，在道路上行驶时，不考虑法律法规和道路通行条件，没有目标地盲目争强好胜，与其他车辆比车速、比性能。由于这种心理的支配，驾驶员容易出现超速抢行、强行超车、开“英雄车”等冒险行为，一旦遇到紧急情况，应急措施跟不上，很容易因操作不当而引发事故。

**牢记：**

**争强好胜最危险，冒险行车事故多。争强好胜是心理不成熟的表现之一，驾驶员第一要务是确保车上乘客的安全。在行车时，应谨防好胜心理，不抢行、不冒险，小心谨慎，安全行车。**

### 4 赌气心理

一些驾驶员遇到前车长时间跨车道线行驶、对方车辆占道行驶、侧方车辆强行加塞、超车时前车故意不让行、夜间会车不关闭远光灯等情况时，立即气从心来，火冒三丈，任性行动，产生不满意或愤怒情绪。在这种心理的支配下，驾驶员会把注意力集中在报复上，采取强行超车、丝毫不让对方、挤加塞车辆、开远光灯对射等危险措施，忽视了对周边交通情况的判断与处理，往往会引发事故。

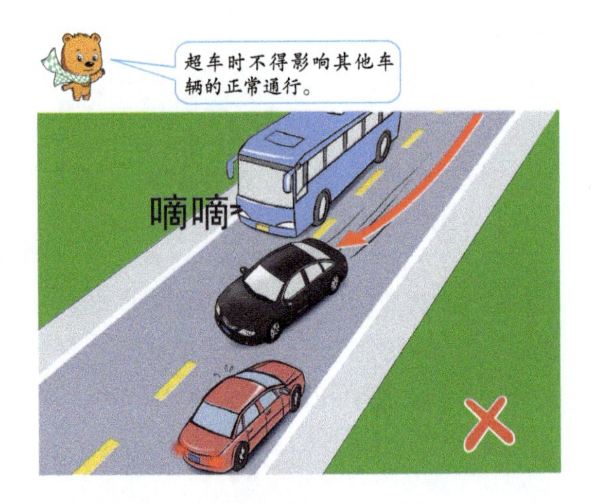


**牢记：**

**驾车心态放平缓，易怒症害人害己。驾驶员遇到惹怒自己的不愉快情况时，要善于克制自己的情绪，站在安全行车的角度多想想，原谅他人的错误，消除怒火，心平气和地谦让其他交通参与者。**

### 5 麻痹心理

一些驾驶员在熟悉的道路、路况好的路段、良好的交通环境条件下行车，容易掉

以轻心、漫不经心、粗心大意、放松警惕。在处理复杂道路情况时，心不在焉，自以为是，安全敏感性降低，容易疏忽最关键的安全细节，对道路上的突发事件失去警惕性。一旦遇到突发情况，往往会手忙脚乱，措施不当，操作失误，造成事故。

**牢记：**

全神贯注驾驶，沉着冷静避险。驾驶员在日常行车中，要牢记安全驾车细节，克服麻痹大意心理，保持谨慎心态小心驾驶。

### 6 侥幸心理

驾驶员的很多违法行为都是心存侥幸而产生的。侥幸心理是一种潜在的心理状态，不易被察觉，其后果具有突发性。一些驾驶员往往自恃经验丰富、技术过硬，驾驶故障车上路、在交叉路口闯红灯、酒后驾驶、在危险路段侥幸通过等，认为“事故不可能发生在我身上，也不可能因我而起”，这种侥幸心理是运输安全生产的极大隐患。

**牢记：**

经验技术不自恃，侥幸心理要克服。驾驶员要认识到交通事故与侥幸心理的必然联系，在任何时候、任何地方、任何情况下都应该严格遵守交通法规，严格遵守操作规程，规范驾驶行为。

### 7 从众心理

一些驾驶员从众心理主要表现为，心理上对他人行为的追随和迎合，对自己的宽慰和谅解。驾驶员在拥堵路口、路段、事故现场，看到一些驾驶员不按规定有序排队、抢行、加塞、占用应急车道等违法行为，明知是违法行为，为了能够满足自己一时的欲望，认为“法不责众”，放松对自己的要求，紧跟其后模仿通行。其不知这种从众心理一旦演变成习惯，会严重影响通行秩序，甚至引发事故。

**牢记：**

驾车行驶要守法，从众心理后患大。驾驶员要加强交通道德修养，摒弃从众违规的驾驶陋习，自觉遵守交通法规，文明驾驶。

### 8 寄托心理

寄托心理是指一个人将自己的理想、情感寄托于某人或某事物上。表现在驾驶员身上，就是把自己的安全和顺利通行寄托在对方驾驶员身上，当自己出现占道行驶、抢行通过、越线会车等违法行驶行为时，寄希望于对方驾驶员能遵章守法，文明礼让，先慢、先让、先停。一旦对方驾驶员采取措施不当或没有避让意识，后果会十分严重。

**牢记：**

寄托心理不可取，文明礼让最安全。驾驶员要时刻自我警醒，切勿将自己、乘客、公私财产的安全寄托于他人，而应主动避险，谨慎驾驶。

### 2 心理调节方法

网约车驾驶员的心理因素与行车安全之间存在着千丝万缕的关系，调节好驾驶员的心理，保持良好的精神状态和稳定的心理素质，有利于驾驶员的身心健康和行车安全。

#### 1 加强情绪心理稳定的调节

性格内向的驾驶员往往内敛、处事小心谨慎，需要增强自信，加强与亲人、朋友、同事和领导的交流和沟通，敢于把自己不愉快的事情向亲人或知心朋友倾诉，及时向同事和领导反映内心所困惑的问题。

性格外向的驾驶员往往轻率、敢于冒险、情绪波动大，需要加强自身的涵养。一方面，驾驶员要扩大心理容量，提高心理承受力和应激力，并善于转移注意力，经常用警示语进行自我提醒，如“我在开车，不能想别的”“稍有疏忽就会伤害无辜”“事故发生就在一瞬间”等；另一方面，要坦然对待道路上的各种违法现象和不良行为，理解对方，保持心态平衡，集中精力于安全行车。

当遭受挫折时，驾驶员不妨采用“精神胜利法”来自我解嘲，比如“吃亏是福”“破财免灾”“有失有得”等来调节一下失衡的心理，或者“难得糊涂”，冷静看待外界的刺激，用幽默的方法调整心态。

#### 2 创造轻松愉悦的工作生活环境

驾驶员应加强人格修养，与亲人建立和谐的家庭关系，与同事建立有益的、愉快的合作关系，与领导建立有效的、支持性的关系。关心他人，善于合作，不为满足自己的需要而苛求于人，保持积极的心态。

驾驶员平时要善于营造良好的生活氛围，注意丰富自己的文化生活，不断增加生活的情趣，多从事一些有益的业余文体活动，比如听音乐、看书、散步、慢跑，使情绪得以调适、情感得以升华，减轻心理压力。

驾驶员要注意改善休息环境，保证充足的睡眠，保持精力充沛，纠正不良生活习惯，消除精神和体力上的疲劳。

#### 3 坚持学习，扩充知识

驾驶员要坚持学习，不断扩充自己的知识。经常参加安全教育和培训，分析典型交通事故案例，提高自我防范意识，增强守法的自觉性。比如，学习掌握道路运输风险防范知识，提高应急处置能力，在遇到险情时能够沉着、果断，处变不惊，采取相应的对策化险为夷，转危为安。

## 二 驾驶员生理疾病与预防

网约车驾驶员经常处于长时间驾驶、高度紧张状态，由于缺乏运动和饮食不规律等不良生活方式，会不同程度地患有颈椎病、腰椎病、胃病等生理疾病，对行车安全构成威胁。

### 1 影响驾驶员生理状况的因素

网约车驾驶员的工作具有点多、拥堵、操作独立性强、活动自由度小、交往杂等特点，疲劳、饮酒、疾病和服用药物等会造成驾驶员生理状况恶化，从而影响驾驶安全。

#### 1 疲劳驾驶

疲劳驾驶是指驾驶员在休息不好或长时间连续驾车后，产生心理机能和生理机能的失调，而在客观上出现驾驶安全性下降的现象。疲劳驾驶会影响到驾驶员的注意力、感觉、知觉、思维、判断、意志和操控能力等诸多方面，是导致交通事故发生的重要原因之一。

大多数驾驶员有过开车时犯困的经历。当感到困倦或者昏昏欲睡时，驾驶员可能还没有意识到自己已经处于危险的微睡状态，为车辆运行带来安全隐患。驾驶员可用表2-1来判断自己是否处于疲劳状态，如果符合下述症状之一，那么驾驶员可能正处于疲劳驾驶的危险中，应该及时采取措施来调整。

驾驶疲劳状态判断方法 表2-1

| 序号 | 驾驶员状态 | 出现这种状态，打"√" |
|---|---|---|
| 1 | 是否不停地打哈欠 | □ |
| 2 | 眼睛是否开始感到灼痛 | □ |
| 3 | 眼睛是否不自主地闭上或者经常转换视线的方向 | □ |
| 4 | 是否经常性在车座上滑动 | □ |
| 5 | 是否无故偏离车道 | □ |
| 6 | 是否有无故采取制动操作 | □ |
| 7 | 是否对保持固定车速感到困难 | □ |
| 8 | 是否调整转向盘的次数减少，且调整时的幅度很大 | □ |
| 9 | 是否思维随意且不连续，不能回忆起最近几公里的驾驶情形 | □ |
| 10 | 是否不自觉地睡着几秒或更长时间，然后突然醒来 | □ |

驾驶员产生疲劳驾驶的原因是多方面的，主要与驾驶工作的复杂性、生活环境与生活习惯、驾驶环境（车内环境、行驶条件）、个体素质（年龄、性别、性格、身体条件和经验）等诸多因素相关，见表2-2。

疲劳驾驶形成原因及影响程度 表2-2

| 疲劳驾驶形成原因 | 典型事例 | 影响程度 |
|---|---|---|
| 驾驶时间安排不合理 | （1）长时间连续行车，中途不按规定休息；<br>（2）经常在午后、深夜和凌晨等时段行车，与生理规律不相符 | 很大 |
| 睡眠质量差 | （1）习惯性熬夜，睡眠时间很少；<br>（2）起居环境不良，睡眠效果差 | 很大 |
| 驾驶环境差 | （1）车内通风、温度不良，噪声过大；<br>（2）长时间在路面条件差、环境复杂的条件下行驶；<br>（3）长时间在单调环境行驶 | 很大 |
| 生活环境与生活习惯 | （1）家庭关系不和睦，精神负担重；<br>（2）饮食不规律，不按时用餐或饮食过饱 | 较大 |
| 驾驶经验不足 | 驾驶经验不足、操作生疏、路况不熟悉，精神负担重 | 较大 |
| 身体条件不适应 | （1）患有阻塞性睡眠窒息、高血压和高血脂等生理疾病或处于生理特殊时期；<br>（2）急躁、情绪低落 | 较大 |

### 2 饮酒

饮酒会影响驾驶员的中枢神经系统，导致驾驶员视力变差，注意力、判断能力下降，反应变得迟钝，错误操作增多；还容易高估自己的能力，不理睬他人的劝告，行为变得草率，倾向于采取冒险的驾驶行为，极易引发交通事故。

驾驶员往往对饮酒是否会影响驾驶存在一些认识误区，例如：认为酒量大的人喝酒后不会影响驾驶；少量饮酒可以缓解压力，有助于安全行车；少量饮用低度酒不会影响驾驶等。实际上，不分酒量大小，喝酒后，血液酒精浓度都会相应升高，驾驶员的神经被麻痹，进而影响其反应能力和操控能力。

### 3 疾病与服用药物

驾驶员在感冒、发烧等身体不适情况下开车，注意力和反应力会大大降低，动作不协调、准确性下降，导致交通事故的发生概率增加。吸食、注射毒品或者服用镇定、止痛类药物后，驾驶员的反应也会变得迟钝，注意力分散，容易发生交通事故。

## 2 驾驶员常见生理疾病及危害

### 1 脊椎病

脊柱是人体的一个重要组成部分，可保护中枢神经，承担身体质量，且对外界的作用力具有缓冲作用。不同的身体姿势给脊柱造成的负担不同，例如：躺着睡觉时脊柱负担较轻；弯腰抬重物时，脊柱负担会很重。对于驾驶员而言，长期保持错误的坐姿会加重脊柱和椎间盘的负担，容易导致脊椎病、颈椎病和腰背疼痛的发生。

驾驶员脊椎病的发生率很高，包括脊椎增生、肥大、变形等，主要表现为颈部、肩部、背部、腰部和肢体疼痛、麻木。当驾驶员脊椎发生病变时，会因疼痛分散注意力，影响驾驶员对车辆的操控能力。长时间驾驶、坐姿和体位不正确是引起脊椎病的主要原因。

### 2 颈椎病

较轻的颈椎病表现为头部、颈部、肩臂麻木疼痛，重者可致肢体酸软无力、头昏乏力、心慌和胸闷。当驾驶员患有颈椎病时，不仅会影响驾驶员的驾驶操作，而且还容易因疼痛而分散注意力，降低辨识交通风险和应对紧急情况的能力。长时间连续驾驶、操作不规范和紧急制动是引起颈椎病的主要原因。

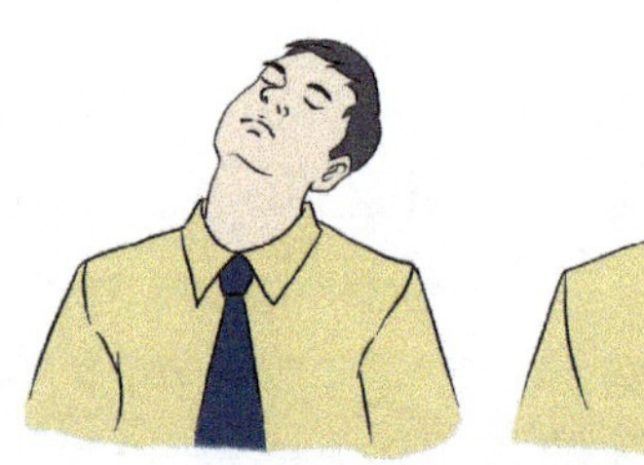

### 3 肩周炎

肩周炎的主要症状为肩关节疼痛、肌肉无力、肩部活动障碍等。发病初期，肩部轻度酸痛，逐渐加重；严重者，稍一触碰，疼痛难忍。驾驶员患肩周炎后，由于肩关节疼痛和活动受限，对车辆的操控能力会下降。长时间驾驶和不正确的驾驶姿势是引起肩周炎的主要原因。

### 4 胃病

胃病是驾驶员常见的生理疾病之一。常见症状是消化不良、胃部疼痛，严重者会引起胃肠大出血等。胃病发作时，绞痛感易分散驾驶员注意力，影响行车安全。长期不合理、不规律的饮食习惯，是引起胃病的主要原因。

## 3 驾驶员生理疾病的预防措施

### 1 加强运动和锻炼

人体长时间保持一种姿势时，血液会不流通，人的身体状态会发生变化，因此，驾驶员可以采取的措施包括：

（1）在起步前，首先要根据自己的身高、体形调整好座椅位置，使得驾驶过程中能够保持正确的驾驶姿势：伸直腰，后背正好轻靠在靠背上；肘部微弯曲，膝盖微弯曲，能够轻松自如地踩踏板。

（2）注意通过坐、站、走、卧等不同行为状态的变换，促进血液循环，缓解紧张状态和调节情绪，使身体和心理状况始终处于最佳状态。例如：在等信号灯或遇到交通拥堵时，驾驶员可以坐在座位上做做头部、颈部、手部、腿部、肩部和背部

运动。

（3）每天抽出一定时间或在等待乘客的空闲，做适当的简易活动。例如：保持一个感觉比较放松的坐姿或站姿时，双手十指交叉，尽量向前伸展，然后再收回放松，重复若干次；双手十指交叉尽量向上伸展，然后再收回放松，重复若干次；把右手绕过头放在左肩上，左手搭在右臂上，尽量往左侧压，然后把左手绕过头放在右肩上，右手搭在左臂上，尽量往右侧压，重复若干次。

### 2 保持充足的睡眠

在睡眠状态中，人体中枢神经系统的活动发生变化，全身肌肉组织迅速放松并处于相对静止状态，心脏的收缩频率随之降低，动脉压下降，呼吸节律趋于均匀，机体的新陈代谢大大减缓。所有这一切都会有利于人体各器官，特别是大脑得到充分休息。

从23时开始，人体的许多生理器官随着生物节律的循环周期而进入抑制状态，因此，人在每天的最佳入睡时刻是23时以前。而且，23时至次日午夜1时通常为人体的造血时间，对人体保持健康非常重要。

研究表明，20～50岁具有劳动能力的男女获得充分休息所需的睡眠时间一般为每天7～8h。但是，每个人的情况还有所不同。恢复力较强的人每昼夜5h睡眠已足够，而恢复力较差的人有时需要睡眠9h以上。因此，每位驾驶员应了解自己的睡眠标准，在一天中总的行车时间以不超过10h为宜，深夜行车以连续不超过两夜为宜。

驾驶员在长时间开车时，往往会因心理负担过重而引起失眠，例如：对路况不熟悉、感觉时间过紧、担心遇到恶劣的气候条件或途中遇到严重的堵车等。驾驶员可以采取一些促进睡眠的措施，例如：入睡前到户外散步呼吸新鲜空气、淋浴、用温水泡脚等。入睡前收看刺激性强的电视节目、阅读惊悚故事书、喝咖啡、饮浓茶或者吃油腻、辛辣的食物，则会影响睡眠。

### 3 保持健康和有规律的饮食

运营前，驾驶员要做好休息和用餐计划，安排好用餐时间，尤其是坚持吃早餐，饮食注意营养均衡，每餐进食以七八成饱为好，不要暴饮暴食，进餐速度要适中。运输途中，及时饮水，补充水分。

## 三 驾驶员行车时的生理特性和心理素质

驾驶员在行车过程中，因车速变化、环境改变及交通流量的增加，会伴有生理和心理状态的变化。这与交通事故发生有密切的关系。了解和掌握驾驶员行车时的生理和心理素质，可以对驾驶员开展有针对性的训练和指导，从而降低事故发生率。

### 1 生理特性

行车中，80%以上的信息由驾驶员的视觉获得。因此，视觉特性是影响行车安全的主要因素，视觉功能指标在驾驶适宜性的甄别方面非常重要，包括动体视力、暗适应能力、夜间视力和色觉等。

#### 1 动体视力

交通法规中对驾驶员所要求的视力是人

在静止状态下检查出来的视力，这是人最基本的生理能力。除此之外，还有一种视觉能力是不能被忽视的，那就是动体视力，即驾驶员的眼睛在观察移动目标时，捕获、感知移动目标影像的能力。

行车中，驾驶员的动体视力会随着车速的加快而逐渐下降，有效视野会越来越狭窄。驾驶员年龄越大，动体视力下降的程度也会越大。

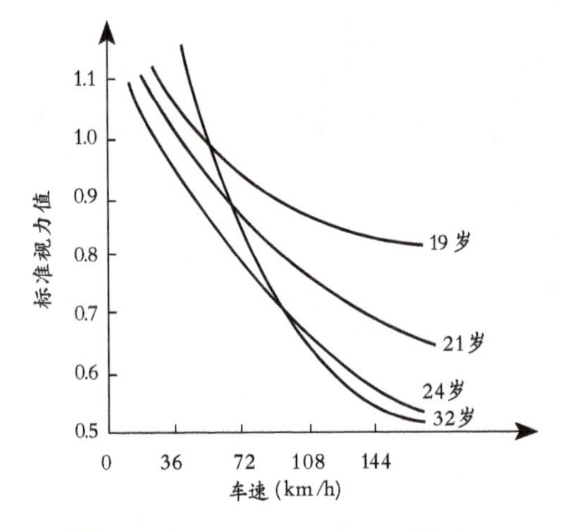


### ② 明暗适应

明暗适应是指人由黑暗环境骤然进入明亮环境或者由明亮环境骤然进入黑暗环境时，如在通过隧道、桥涵和林荫道等光线明暗交替的路段时，存在有眼睛适应环境光线变化的过程，人眼会产生眩目感，甚至会短暂丧失视觉。这是人体的正常生理现象，通常需要较长的时间适应。且明适应比暗适应所需的时间更长，这会影响驾驶安全。

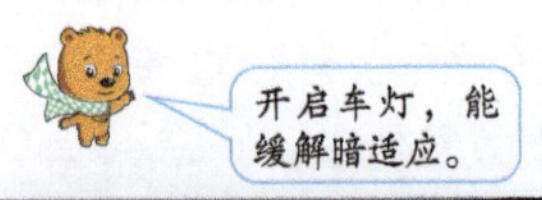

### ③ 夜间视力

夜间视力是指人在低亮度和低照度条件下的视力。相对于暗适应而言，夜间视力的区别在于没有明显的光线强度变化。在黄昏、夜间或在阴雨天气，外界环境的光线较弱，人眼看周围有一种朦胧的感觉，即使是开启灯光行驶，也会受车辆灯光照射距离和照射范围的限制。而且驾驶员对灯光照亮的视野中出现的视觉刺激物的反应与白天也不一样，因此，其对车速、距离和前方道路情况的判断能力下降。研究表明，白天与夜晚交通事故的比率，车撞行人为1∶9，车撞骑车人为1∶2.6，车撞障碍物为1∶1.9。由此可见，夜间视力对行车安全有很大的影响。

## 2 心理素质

心理素质是指人的抽象思维、观察、判断、情绪、性格等心理活动的质量，它是驾驶员极为重要的素质之一，主要包括速度估计、周边风险感知、反应特性和处置判断等。

### ① 速度估计

速度估计是一种运动知觉，是人对物体运动速度感知和判断的能力。驾驶员能否准确地估计周边车辆、行人移动的速度，并及时改变自己的驾驶行为，对保障安全行驶、避免发生事故有重要的意义。

### ② 周边风险感知

周边风险感知是指驾驶员对周边危险信息的分析和处理能力。在行车过程中，驾驶员需要准确观察前方和周围的交通信息，

还要能全面地观察车辆周边的交通信息。能否快速地观察到周边的危险信息，并做出有效的操作反应，对驾驶员的安全行车非常重要。例如：车辆行驶过程中，前方绿化带旁有人准备横穿道路，一个具有良好周边风险感知意识的驾驶员可以快速地观察到这一危险信息，提前采取减速避让措施。

**3 选择反应**

选择反应能力是机体对外界刺激在一定时间内作出正确应答的能力，主要包括选择反应的快慢和正确性。行车中经常会遇到各种复杂多变的交通环境，这就要求驾驶员不仅要快速反应而且还要准确反应。驾驶员对各种刺激信号反应动作的快慢和准确性对行车安全有着重要的影响。

动作的准确性是驾驶员操纵汽车的重要反应特性。如果脑、手、脚协调配合不好，错误次数过多，事故发生率也就相对增加。例如，驾驶员本想向左调整方向却向右转动转向盘，便有可能导致事故的发生。反应的及时性是驾驶员另一个重要的反应特性。驾驶员反应越快，处理情况就越及时，安全行车就越有保障。尤其是遇到紧急情况时，反应快的驾驶员可以及时作出准确判断，而反应慢的驾驶员则往往会感到措手不及。

驾驶员的反应能力除了与年龄、技能和经验有关外，还受到疲劳程度、情绪、车速、药物和酒精等其他因素的影响。因此，在行车中要尽量排除这些因素的干扰。

**4 处置判断**

处置判断能力是指驾驶员在多种信息情况下注意力的分配、转移能力及注意力的持续能力、动作协调性和动作圆滑性。处置判断既是一项心理指标，也包含动作指标。

行车中，驾驶员不仅要集中注意力，还要能合理分配注意力，能主动地转移注意力，同时以最短时间对外界情况做出正确的反应。对于驾驶员而言，重要的不是看见目标，而是要了解看见的目标，充分理解其潜在的风险及其危险程度，并从各种现象的总体中分辨出最本质、最迫切需要处理的信息，采取必要的应对措施。

## 第二节 网络预约出租汽车驾驶员安全行车要求

网约车驾驶员首要的责任就是为乘客提供安全的服务，安全行车是出租汽车运营服务的前提和条件。网约车驾驶员必须掌握安全行驶知识，改正不良行为习惯，才能保证提供安全的运营服务。

### 一 行车安全基本要求

网约车驾驶员在运营过程中，要坚持安

全第一、预防为主，应急处置中先人后物，严格遵守道路交通安全法律、法规，安全驾驶，平稳行车。

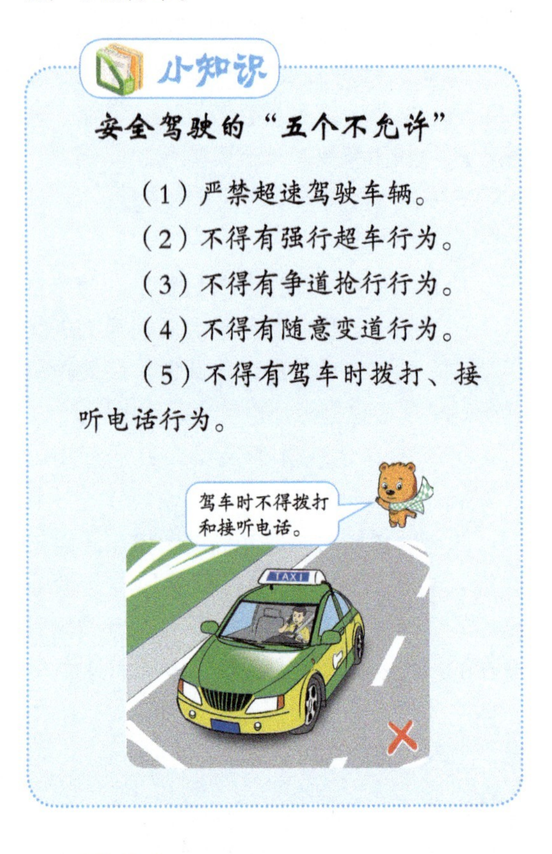


### 1 检查

（1）运营前，驾驶员要对身体状况进行自查，严禁酒后驾驶、带病驾驶、疲劳驾驶。

（2）运营前，驾驶员要对出租汽车进行例行检查，保持车辆及设施设备性能完好。

（3）驾驶员上车后，应立即系好安全带，并通过拉拽来检查安全带是否完好。

### 2 起步与停车

由于要不断地接送乘客，车辆起步和停车特别频繁，而很多交通事故就是发生在起步和停车这一瞬间。

（1）车辆起步和停车前一定要提前开启转向灯。

（2）起步前，首先确认周围没有影响安全起步的人、物或障碍，特别要注意查看车辆盲区周围的情况；其次要确保车内乘客全部坐好后，再平稳起步，避免在乘客未关闭车门前起步造成伤害。

（3）停车时尽量靠近道路右侧边缘，引导乘客从右侧车门上、下车。尤其是在乘客下车时，驾驶员要用右侧后视镜，提醒乘客注意后方情况，避免与同方向非机动车和行人发生碰撞。

（4）遇有乘客扬手召唤时，不得强行靠边停车，强行并线经常会与同方向行驶的后方车辆或非机动车发生碰撞。

（5）在交叉路口等候交通信号灯或因拥堵停车时，劝阻乘客不要在道路中央下车，否则，会发生乘客与其他车辆碰撞的事故。

### 3 车速

根据“限速标志”和道路情况来控制车速。在没有“限速标志”的道路上，不得超过下列最高速度行驶：

（1）没有道路中心线的道路，城市道路为30km/h，公路为40km/h。

（2）同方向只有一条机动车道的道路，城市道路为50km/h，公路为70km/h。

（3）进出非机动车道时，通过铁路道口、急弯路、窄路、窄桥时，转弯、下陡坡时，遇雾、雨、雪、沙尘、冰雹能见度在50m以内时，牵引发生故障的机动车时，最高速度不能超过30km/h。

### 4 跟车

跟车行驶时，除了随时观察前车及前方2～3辆车的动态外，还要控制好与前车的纵向安全距离，这是避免追尾、剐蹭等事故发生的前提。在干燥路面上，车速在30～60km/h时，纵向安全距离>（车速表读数-15）m，例如：以50km/h的速度行驶时，纵向安全距离应大于35m；当车速超过60km/h时，纵向安全距离的数值约为车速表的读数，例如车速为70km/h时，纵向安全距离应不少于70m。雨天和冰雪天，纵向安全距离分别是干燥路面上的1.5倍和3倍。

### 5 变换车道

变换车道是有一定危险的，如果不能确保安全，千万不要强行变道。需要变更车道时，一定要提前3s打开转向灯或利用手势示意，提醒后方来车注意。

### 6 通过交叉路口、环岛、立交桥

交叉路口、环岛、立交桥的交通情况复杂，判断也比较困难，是各类交通事故的多发地点。驾驶员应提早观察交通标志、信号灯和交通标线，谨慎驾驶。

铁路道口容易发生重特大交通事故，途经铁路道口的通行原则是：一停（在停止线前停车）、二看（观察左右是否有驶来的列车）、三通过（确认安全后，低速通过）。驾驶员必须严格遵守铁路道口的通行规定，如果发现前方有危险，应立即停车等待，不要强行通过。

### 7 通过人行横道、学校周边及公共汽车站

人行横道、学校周边及公共汽车站都是人员密集区域，人车交织、交通混杂，应仔细观察、减速行驶、必要时停车。许多交通事故的发生，是由于驾驶员对险情确认迟缓或判断失误所致。

### 8 会车

驾驶员应根据具体的交通情况，调整好行驶速度，选择适当的地点与其他车辆会车。

（1）与对面来车会车时，注意与车辆、非机动车和行人保持横向安全距离。

（2）当前方道路有障碍物时，应当减速或停车，让对面车辆先行通过。

（3）在狭窄的坡道上会车时，下坡车让上坡车先行。如果下坡车已行至中途而上坡车还未上坡时，下坡车先行。

（4）在狭窄的山路上会车，不靠山体一方的汽车先行。

（5）夜间会车时，应当在距对面来车150m以外改用近光灯，在窄路、窄桥与非机动车会车时应当使用近光灯。

### 9 超车

超车前需要对道路和交通情况作出正确的判断，并能根据汽车的性能和车速进行操作，这需要娴熟的驾驶技术和长期的驾驶经验积累。超车伴随着危险，一般情况下尽量不要超车。

禁止超车的路段有：交叉路口、铁路道口、窄桥、弯道、陡坡、隧道、人行横道和拥堵路段。

禁止超车的情况有：前车准备超车时；前车因左转、掉头而变更车道时；超车可能会妨碍对面来车正常行驶时；无法保证与前车的横向安全间距时；后面来车准备超车时；前车为执行紧急任务的车、消防车、救护车、工程救险车时。

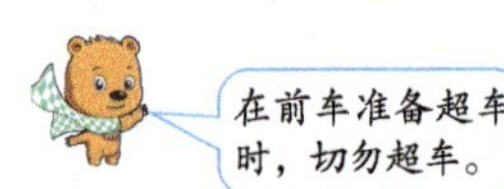

**文明礼让**

行驶过程中，经常会遇到其他车辆占道抢行、强行超车等不文明的行为。此时，驾驶员应保持冷静的心态，宽容、大度、注意礼让，“宁可有理让无理，不可无理对无理”，尽量避免引起争端。

（1）遇到违章超车和强行占道行驶的车辆，以及前方有人行横道线的应注意避让。

（2）发现前方道路或路口堵塞时，应按顺序减速或停车，耐心等待道路或路口疏通，不能以任何方式强行加塞。

（3）当对方车辆主动让行时，可低声短促鸣喇叭以示感谢。

（4）在狭窄路段会车时，应做到礼让三先：先慢、先让、先停。遇到路口情况复杂时，应做到“宁停三分，不抢一秒”。

（5）与其他车辆人员发生争执时，应该耐心说明和解释，不要带着情绪驾驶汽车。

### 10 掉头

车辆掉头经常会发生危险，一般情况下尽量不掉头或少掉头。

禁止掉头的路段有：人行横道、交叉路

口、弯道、容易发生危险的路段、窄桥、陡坡、隧道和铁路道口。

掉头时的注意事项有：

（1）观察是否有禁止掉头的标志，严禁在不允许掉头的路段掉头。

（2）掉头时，应严格控制车速，并仔细观察道路上的交通情况，确认安全后才可以行驶。

（3）掉头时，无论前进还是倒车，必须确认没有挂错挡位。

（4）在坡道上掉头，每次停车时均要拉紧驻车制动器操纵杆。

### 11 倒车

安全和顺利地倒车，是驾驶员在日常行驶中必须具备的技能。由于倒车时观察和操作都相对比前进时困难，因此，需要谨慎地进行。

与前进相比，倒车时驾驶员看不见的部分（盲区）非常多，在任何时候都应认真地进行安全确认。倒车前下车，围绕汽车转一圈；起步时开车门，转头观察侧后方的情况；最好请人指引倒车。

### 12 夜间驾驶

夜间驾驶的条件、环境与白天相比都发生了很大变化，驾驶人的视力变差，观察力和判断力也会降低。合理使用灯光、控制行驶车速和保持恰当间距，是保证行车安全的必要条件。

灯光有照明和信号两方面的作用，应根据行驶中的实际情况灵活使用。

（1）打开灯光的时间，一般应早于城市路灯开启的时间。

（2）起步前，先打开近光灯，仔细观察道路及周边情况，确认安全后再起步。停车时，待汽车停稳后再关闭灯光。

（3）行驶中，有路灯照明时，不同条件下的灯光使用情况见表2-3。通过没有路灯照明或路灯照明不良的路段，应使用远光灯。

**夜间不同条件下的灯光使用** 表2-3

| 不同条件下 | 灯光使用 | 不同条件下 | 灯光使用 |
|---|---|---|---|
| 车速小于30km/h | 近光灯 | 在风、雪、雨、雾天 | 雾灯或近光灯 |
| 车速大于30km/h | 远光灯 | 在无交通信号控制的交叉路口 | 变换远光灯、近光灯 |

**常见的驾驶陋习**

汽车行驶过程中，很多驾驶员的不良行为和习惯为安全行车埋下不小的隐患。最常见的10个驾驶陋习有：

（1）起步、变更车道、超车、停车时，不开启转向灯。

（2）车流速度较慢或拥堵时，不按顺序排队，占用其他道路，强行并线加塞。

（3）不遵守转弯让直行、辅路让主路、右转弯让左转弯的让行规定，不减速甚至加速抢行。

（4）车流通行不畅甚至正常行驶时，不断地乱鸣喇叭。

（5）不管后方情况如何，突然制动停车或者随意停放，影响其他车辆、行人正常通行。

（6）接打电话、吸烟及饮食，行驶速度较慢，影响其他车辆正常通行。

（7）行驶时向车外吐痰、扔杂物。

（8）雨天行驶经过积水处不减速甚至加速，污水溅到行人和非机动车。

（9）在照明良好的市区道路上，夜间始终开着远光灯。

（10）不观察后方情况，直接开门下车或倒车。

## 二 保护行人和非机动车的安全

人行道、人行横道等是为了保护行人、非机动车等交通弱者而设置的。驾驶车辆通过这些地方时，应考虑到行人、非机动车会突然靠近或突然出现等情况。

### 1 保护儿童的安全

儿童活泼好动，不知道汽车的危险性，具有以下的特点：①由于着迷于玩耍，察觉不到有车辆临近，时常会突然跑到路上或横穿道路；②个子矮、视野狭窄，前面有车辆或成年人时，看不到道路的情况，可能会跑到车辆前面，然后又猛然地折回；③受到鸣喇叭惊吓而张皇失措，可能跑到车辆的前面。

儿童会突然跑到路上或横穿道路，应注意避让。

驾驶车辆遇到儿童时，注意采取以下保护措施：

（1）切不可高速绕行，需要提高警惕、减速慢行，必要时停车避让。

（2）经过学校附近或看到“注意儿童”的标志时，必须格外注意，提前减速或停车，儿童可能突然跑出来甚至横穿道路。

（3）经过停驶的校车旁边时，考虑到可能会有儿童上下车，必须减速慢行，确保安全。

### 2 保护老年人的安全

老年人行动缓慢、耳目不灵，遇到车辆时经常不知所措，具有以下特点：①不懂或不遵守交通法规；②视力、听力及身体衰弱，行动迟缓；③察觉不到有车辆临近，即使鸣喇叭后也不能做出相应的反应；④思维容易集中到一个事物上，难以观察周围所有事物，即使红灯亮时也若无其事地横穿道路。

驾驶车辆遇到老年人时，应适当降低车速，可以提前鸣喇叭，切不可盲目从其身后绕行。

### 3 保护残疾人的安全

（1）行动不便的人，一般坐轮椅或拄拐杖，平时比较容易识别。但要注意，在人群中可能混有行动不便的人，由于不能与多数人以相同的速度移动，会滞留在道路中央，所以遇到人群时一定要有耐心，必须提前减速。

（2）盲人，听觉一般较灵敏，听到行驶声、鸣喇叭声就急忙避让，但常常不清楚避让的方向和程度。驾驶车辆遇到盲人时应降低车速，提前避让，切忌鸣喇叭。

（3）聋哑人，在外表上与正常行人没有区别，比较难判断，听力有障碍，对鸣喇叭声无任何反应。驾驶车辆遇到聋哑人时，应尽快减速，在离其较远处通过。

### 4 保护非机动车的安全

非机动车主要是各种自行车，它们体积小、方便灵活，但稳定性差，行驶轨迹曲折，容易发生碰撞和摔倒。

驾驶车辆遇到骑自行车人时，可以提前鸣喇叭，通过时应与其保持足够大的横向安全间距。如果是青少年或老年人骑车，要预防其突然驶入道路中央或摔倒，应提前减速慢行，做好随时停车的准备。

一般的自行车在夜间的标志性很差，与汽车同向行驶时，不容易被发现；与汽车对向行驶时，灯光会使骑车人眩目，自行车可能会左右摇晃甚至摔倒。夜间驾驶汽车遇自行车时，应使用近光灯，同时减速或停车。

注意骑车人的位置，提前减速或停车。

### 5 在特殊路段对行人和非机动车的保护

（1）接近人行横道时，应注意观察人行横道及其周围行人、非机动车的动态。有行人、非机动车横穿或即将横穿道路时，必须在人行横道前停下。

（2）接近没有人行横道的交叉路口或附近时，只要发现有行人、非机动横穿道路，就应该减速或停车，尽量让行人和非机动车安全通过。

（3）在没有信号灯的交叉路口，转弯时应减速，必要时停车，让直行的行人、非机动车先行。

（4）经过公共汽车站时，上下车的乘客经常会突然横穿道路，应该让过往的乘客先行，必要时停车等待。

### 6 在恶劣天气对行人和非机动车的保护

突来暴风雨时，行人和非机动车会无规则地乱跑；下雨时，撑雨伞、穿雨衣的行人视线和听觉都会变差。雨天驾驶车辆遇到行人、非机动车时，可以提前鸣喇叭，适当减速，并保持足够大的横向安全间距。

冬天戴棉帽或穿大衣的人，视线受限，听觉也下降；冰雪路面湿滑，自行车稳定性变得更差，经常会突然摔倒。冰雪天驾驶汽车遇到行人和非机动车时，提前利用发动机制动降低车速，多鸣喇叭，保持足够大的横向安全间距，缓缓通过或停车让行。

## 三 复杂天气的安全行车要求

复杂天气条件通常是指雨天、冰雪路面、雾天、泥泞道路、涉水。在恶劣气象条件下驾驶车辆，行车视线受阻，道路状况变差，往往出现平时道路上从未出现过的、不可预见的异常情况，需要驾驶员了解和掌握恶劣气象的特点及相应的驾驶要领。

### 1 雨天驾驶

雨天，直接影响行车安全的因素是视线受阻和路面湿滑。由于路面潮湿，车轮与地

面间的附着力降低，车辆制动或转向时，很容易发生侧滑。

（1）及早打开刮水器，根据雨量的大小调节刮水器的挡位，尽可能保持视线清晰。

（2）当汽车在湿滑路面上行驶，车轮与地面的附着力随车速的增加而急剧降低，车辆很容易侧滑。此时，一方面要控制车速、不要紧急制动或急转方向，另一方面要充分利用发动机制动减速。

（3）雨天行驶遇到行人、骑车人时，必须提前减速、鸣喇叭，与其保持安全距离。应预测到行人、骑车人可能突然窜到行车道上、转向或滑倒的险情。

（4）暴雨天，刮水器难以刮净雨水，致使驾驶人的视线受阻，为了确保行车安全，应立即选择安全地点停车，同时开启危险报警闪光灯和示廓灯。

## 2 冰雪路面驾驶

冰雪路面，道路溜滑，汽车制动距离加长，制动和转向时车辆也容易发生侧滑。由于积雪对日光反射强烈，极易造成驾驶人目眩。

（1）有条件的，尽可能给车轮装上防滑链。驾驶员应佩戴合适的墨镜，既保护眼睛又有利于安全。

（2）起步时，可使用比平时起步高一级挡位，松离合器踏板和踩加速踏板均要缓慢。如果起步时车轮打滑及空转，应清除车轮下的冰雪，在驱动轮下铺垫沙土、炉渣等防滑材料。

（3）跟车行驶时，与前车保持足够的纵向安全距离（是正常道路行驶时安全距离的1.5～3倍）。同时注意观察前车的动态，前车制动减速时，应采用间歇制动和发动机制动的方法减速，切忌紧急制动。

（4）会车时，应提前减速并靠右侧行驶，保持足够的横向安全距离。超车时，一定要选择较宽的路段，在确认前车让超车后，在保证安全的情况下谨慎超车。

## 3 雾天驾驶

雾天，由于能见度降低，驾驶员的视距缩短、视野变窄、视线模糊，行驶中很迟才能看到前方障碍（行人、慢行车、故障车、事故车、凹坑等），极易发生交通事故。

（1）及时开启前雾灯及示廓灯，能见度小于50m时可打开后雾灯，能见度小于30m（浓雾时）还应打开近光灯和危险报警闪光灯。如果雾气在风窗玻璃上凝结成水珠，可使用刮水器刮净。

（2）雾天行驶，应严格控制车速，根据能见度选择不同的车速（表2-4）。同时还要密切注意前车的动态，适当加大与前车的纵向安全距离，避免将停驶车辆的尾灯误认为行驶车辆的尾灯。

能见度与车速的关系　　表2-4

| 能见度（m） | 车速不得超过（km/h） | 能见度（m） | 车速不得超过（km/h） |
|---|---|---|---|
| 100~200 | 60 | 30以内 | 20 |
| 50~100 | 40 | 10左右 | 5 |

（3）会车时，要选择较宽的路段，关闭雾灯并适当鸣喇叭，提前减速并靠右侧行驶，保持足够的横向安全距离。如果对面来车车速较快且没有让路的意图，应主动减速让行或靠边停车。

（4）雾天行驶，严禁超车。如果前车靠右侧行驶，应确认其是否在避让对面来车，切不可盲目绕行；如果前车靠路边停驶，应确认其没有起步意图时，适当鸣喇叭，低速绕过。

（5）在浓雾中行驶，车速应严格控制在规定范围以内，多鸣喇叭以引起行人、非机动车和车辆的注意。听到对方车辆鸣喇叭时，要及时鸣喇叭回应。如果道路发生堵塞时，应立即停车，始终保持开启危险报警闪光灯。

### 4 泥泞道路驾驶

泥泞道路，路面特别松软和黏稠，汽车行驶阻力大，车轮与路面附着力小，容易发生车辆侧滑和车轮滑转现象。

（1）驶入泥泞道路前，应停车察看路况（深度、宽度和距离等），尽量选择平整、坚实或有车辙的路线行驶。

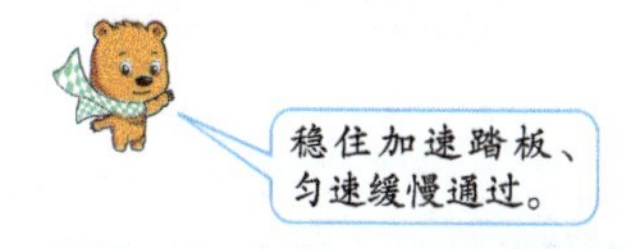

（2）选用适当挡位（一般为中、低速挡），握稳转向盘，稳住加速踏板，匀速、一次性缓慢通过，尽量避免使用行车制动器，以防止车辆滑移。当车辆发生侧滑时，不必惊慌、冷静清醒，将转向盘向后轮侧滑的一侧适当缓转，修正方向，切忌猛打转向盘或紧急制动。

（3）陷入泥泞路段时，应先将车辆稍向后退出，然后改变车轮行进方向，挂入低速挡，利用发动机的冲力驶出。如果车轮继续打滑时，应立即停车，挖去泥浆或设法支起车轮，铺垫沙土、碎石或在驱动轮上缠绕绳索等，以加大车轮的“抓地力”。

### 5 涉水驾驶

漫水路，道路被水淹没，无法看清水面以下的情况。由于水的浮力和水流的冲击，车辆牵引力的发挥也受到限制，电气设备也极易受潮短路。

（1）涉水前，应停车察看涉水路线的深度、水流速度和水底情况，不可冒险涉水行驶。

（2）摸清情况后，选用低速挡平稳驶入水中并缓缓行进，以防水花溅入发动机或溅到前风窗。

（3）行驶过程中，驾驶员要目视远处固定目标，不要盯着水流看，以防因视觉判断错误而导致行驶方向的偏移。车辆保持匀速平稳且有足够动力，中途尽量不换挡、停车和急转弯，要“一气”通过涉水路段。

（4）涉水后，车辆低速行驶一段，并间歇轻踩制动踏板，以恢复制动器的性能。

## 四 特殊路段的安全行车要求

复杂道路条件通常是指山区和高速公路，一方面是地形复杂、道路险峻，另一方面是车速快、车流大。无论在哪种道路上行驶，驾驶员都要保持注意力高度集中和谨慎驾驶，稍有疏忽就可能酿成重大的事故。

### 1 山区道路驾驶

山区道路依山而建、盘山绕行，具有坡陡、路窄、弯急、坡长及隧道多等特点。在山区行驶，驾驶员的视距不足，车辆操控也相对困难。

#### 1 坡道驾驶

在坡道上行驶，由于汽车重力的作用，使驾驶操作的难度加大，必须控制好速度和选择合适的挡位。

爬缓坡时，可以在平路上加速，利用惯性冲坡，如果感觉动力比平路上还大，可以加挡行驶。爬比较陡的坡时，在上坡前就要换到低速挡上，以保证充足的动力，否则在中途换挡时车辆会熄火。

下短坡时，应及早松开加速踏板，从下坡开始就要踩下制动踏板，下坡过程中不能踩下离合器踏板。下长坡时，先制动减速，然后减挡。使用发动机制动为主，行车制动器为辅。注意：长时间连续使用制动踏板控制车速时，制动器会由于过热而失效。

#### 2 弯道驾驶

弯道行驶时，要提前注意观察，降低车速，按照“减速、鸣喇叭、靠右行”的原则谨慎驾驶。注意：避免在转弯时超车和换挡，确保双手能够有效地控制转向盘。

#### 3 跟车、会车、超车

（1）跟车时，适当加大与前车的纵向安全距离。视线不清或道路条件较差时，进一步加大与前车的距离，防止前车突然停车或后溜。

（2）会车时，应选择安全地段主动减速或停车，与对面来车会车。对面来车速较快或靠近道路中央时，应尽量靠右侧行驶，避免剐蹭事故。

（3）超车时，要选择宽敞地段，提前开启左转向灯、鸣喇叭，确认前车让超车后再安全通过，不得强行超车。严禁在有禁止超车标志或不具备超车条件的路段超车。

#### 4 停车

在山区道路上，应尽量避免停车。确实需要停车时，选择宽阔、平坦的路段停车。

上坡停车时，先放松加速踏板，然后踩下制动踏板（比在平路时的踩踏力量小），待车辆将要停下时，再重踩制动踏板，并且要踩住不放（防止汽车向坡下滑溜）。与此同时，迅速拉紧驻车制动器操纵杆，再放松制动踏板。如果需要长时间停车，要在前后轮后方塞上三角木或石块，防止车辆后溜。

下坡停车时，由于制动距离相比平路

时的要长，应尽量提前踩下制动踏板。在车辆停稳后，迅速拉紧驻车制动器操纵杆，再放松制动踏板。如果需要长时间停车，要在前后轮前方塞上三角木或石块，防止车辆前溜。

## 2 高速公路驾驶

高速公路是全封闭、多车道、具有中央分隔带、立体交叉、控制出入、服务设施配套齐全、专供机动车高速行驶的公路，具有车速高、车道区分明确、车辆流向单一且流量大的特点。驾驶员应当掌握高速公路特点和驾驶技术，确保在高速公路上的行驶安全。

### 1 驶入收费口

驶近收费站前，一方面要按照“限速标志”控制车速，另一方面选择绿灯亮的通道排队通过，这时要注意其他选择通道的车辆可能大幅度变道，防止发生刮碰事故。如果车辆安装了ETC（电子不停车收费）装置，应及时选择ETC专用通道，以低于30km/h的车速通过。

### 2 匝道行驶

驶过收费口后，应仔细观察“指路标志”，正确选择自己所去方向的匝道口。

驶入匝道后，应迅速提高车速，但不得超过“限速标志”规定的车速。注意：在匝道上，不准超车、掉头、停车和倒车。

### 3 加速车道行驶

驶入加速车道后，应打开左转向灯，尽快提高车速。同时注意观察前车和行车道上车流的速度、位置，调整和控制好车速，选择驶入车流的时机，尽快驶入行车道。

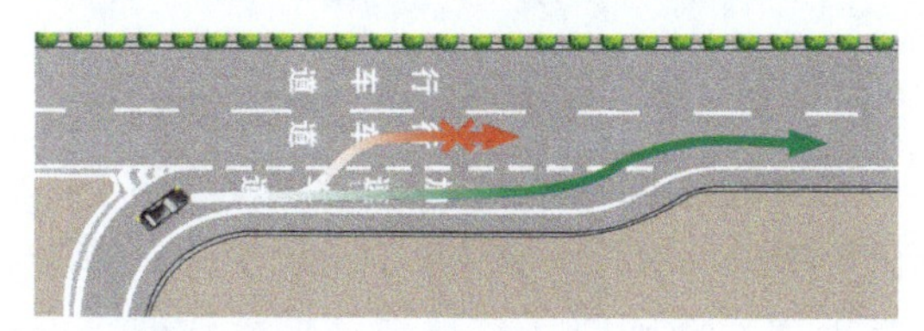

### 4 行车道行驶

驶入行车道后，车辆具备了可以充分发挥其性能的条件，如果驾驶员不严格遵守法规或不按科学方法行驶，盲目追求高速，势必会扰乱正常的行驶秩序，埋下车祸的隐患。

（1）行车道的选择。在高速公路上行驶，严格遵守按车速或车型分道行驶的原则。同向2车道的高速公路，车速低于100km/h的车辆在右侧车道上行驶；在同向3车道的高速公路上行车，最右侧车道的最低车速为60km/h，车速高于90km/h的车辆应在中间车道上行驶，车速高于110km/h的车辆应在最左侧车道上行驶；在同向4车道的高速公路上行车，车速高于90km/h的车辆应在中间两条车道上行驶，车速高于110km/h的车辆应在最左侧车道上行驶。

（2）行车速度的控制。在宽阔、参照物少、高速车流的高速公路上长时间行驶，驾驶员对速度的反应逐渐变得迟钝，一定要通过车速表确认车速，严格遵守限速规定。一般高速公路，最低车速不得低于60km/h，最高车速不得高于120km/h。在恶劣气象条件下驾驶，必须减速行驶。

（3）安全距离的确认。高速公路上专门设有为驾驶员确认行驶间距的路段，可以检验车速为100km/h时与前车的纵向安全距离。正常情况下，当车速为100km/h时，与前车的纵向安全距离为100m以上，车速在100km/h以下时，最小纵向安全距离不得少于50m。如遇大风、雨、雪、雾天气或路面结冰时，应减速行驶。

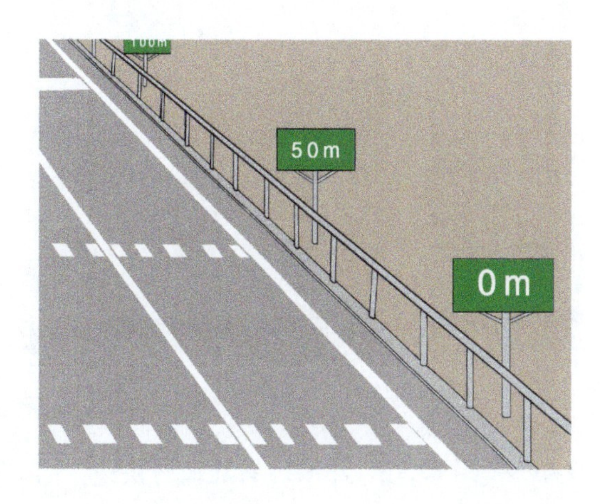

（4）变更车道。在高速公路上行驶，不得频繁地变更车道。确实需要变更车道时，应提前观察将进入车道的车流动态，在确认安全的情况下，开启转向灯，缓慢转动转向盘，加速变换车道。

（5）停车。车辆有故障，需要在高速公路上行车时，应控制好车速，仔细观察前后及右侧车流动态，开启右转向灯，尽快驶离行车道，将车停在紧急停车带或路肩内，切不可直接停在行车道内。停车后，立即开启危险报警闪光灯，夜间还要同时打开示廓灯和尾灯，在车后方150m以外设置警告标志。车上人员应迅速转移到高速公路以外的安全地方，不可滞留在紧急停车带或右侧路肩内。

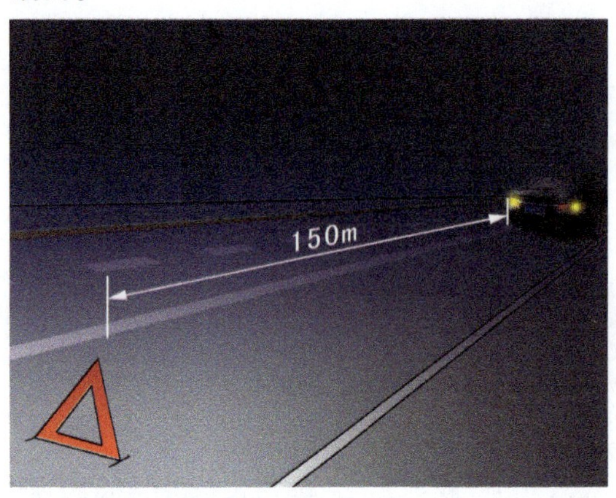


### 5 通过隧道、桥梁

（1）驶近隧道时，距离入口50m左右，开启前照灯、示廓灯和尾灯，按照隧道口前的限速规定调整车速，并通过车速表确认。

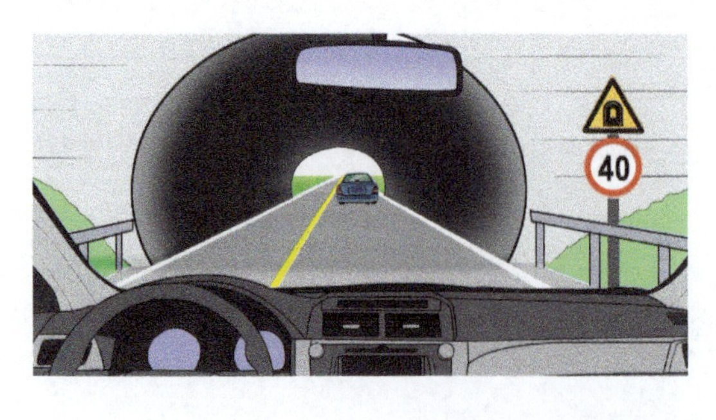


（2）驶入隧道后，驾驶员应将视线注意点转移到远处，不要盯着隧道两侧壁，同时保持与前车的纵向安全距离。严禁在隧道内变更车道、超车和停车。

（3）驶出隧道时，车辆可能会受到横风的影响而偏移，此时应握稳转向盘，通过微调转向盘控制车辆的行驶方向。

（4）驶近大型桥梁时，根据“限速标志”和“指路标志”，调整好车速和路线。在桥上行驶时，为避免横风的影响应握稳转向盘，不得盲目加速、紧急制动和变更车道。

### 6 驶离高速公路

（1）高速公路出口前2km、1km、500m及出口处都设有预告出口的标志。行驶至距离出口2km的预告标志后，适时变更到右侧车道；在距离出口500m时，开启右转向灯，适当降低车速，平顺地驶入减速车道。

（2）驶入减速车道后，关闭转向灯，按照匝道前的限速规定调整车速，并通过车速表确认。注意：不得未经减速车道，直接从行车道进入匝道；如果因疏忽驶过出口，应该继续向前行驶至下一个出口，驶出高速公路。注意：不得紧急制动、停车再倒车或者掉头、逆行。

（3）驶入匝道后，通过车速表确认，将车速降至限定值以下，避免与收费口附近的车辆追尾碰撞。注意：握稳转向盘，缓慢地驶出弯曲的匝道。特别注意从其他匝道合流过来的车辆，应互相礼让，不得争道抢行。

（4）驶离高速公路后，驾驶员通常对实际车速估计过低，还需要一个速度适应过程，必须通过车速表来控制车速，不能凭自我感觉判断车速。



## 第三节 网络预约出租汽车突发情况处置

交通事故的发生，往往是因突发情况所致，这就要求驾驶员应具备良好的心理素质和掌握一定的应急驾驶技术，以便在遇到险情时能临危不慌，冷静地采取恰当的有效措施，从而化解或减轻事故的危害程度，减少人员伤亡及财产损失。

### 一 应急处置原则

#### 1 以人为本，生命至上

驾驶员应坚持“先人后物、救人为主、减免损失”原则，有效防范化解重大人员伤亡风险，切实把保护乘客生命安全放在最高位置作为最高准则，最大限度消除威胁人身安全的各类因素，减少事故损失。

#### 2 沉着冷静，准确判断

当险情出现时，驾驶员应保持“心态冷静、头脑清醒、反应迅速、处理果断”的状态，根据实际情况迅速作出判断，及时采取正确处理措施，克服“惊慌失措、犹豫不决”等不利心态，避免错失处置时机；同时稳定乘客情绪，防止发生二次事故，保障乘客安全。

#### 3 及时减速、控制方向，规避风险

按照“先制动、后转向”“让速不让道”的原则，迅速降低车速，有效控制行驶方向，尽力控制安全风险，尽可能使车辆在碰撞前处于停车或低速行进状态，同时向其他交通参与者及时传递危险信号。

若发生险情时车速较慢，在交通条件允许的前提下，应先控制方向，同时采取必要的措施减速或停车；若发生险情时车速较快，切勿猛打方向避让，应尽可能采取措施降低车速，减少事故损失。

#### 4 避重就轻，减少损失

事故发生不可避免时，对现场情况进行快速判断，按照“损物保人”的原则，采用危害较小或损失较轻的处置方案，尽可能减少事故造成的人员伤亡与财产损失。

### 二 各类突发情况应急处置方法

#### 1 乘客干扰驾驶员

##### ① 致险情形

车辆行驶过程中，驾驶员与乘客因沟通等问题导致矛盾冲突，进而发生乘客干扰驾驶员，危及行车安全的情形。干扰行为按照强度递增分为谩骂驾驶员、抢夺车辆控制权、攻击驾驶员等。

##### ② 处置措施及要领

发生驾乘矛盾时，为减轻驾驶员所受干扰影响，避免事态升级，应采取对应的应急处置措施：

（1）受到谩骂干扰但未影响正常行车

或人身安全时，驾驶员应先告知乘客其行为可能带来的法律后果，并责令其立即停止干扰，如果阻止无效，要立即选择安全地点靠边停车，打开危险报警闪光灯，摆放危险警告标志。在保证自身安全情况下，保持沉着冷静，尽量做好沟通解释，并尽量安抚乘客情绪。

（2）驾驶控制权或人身安全突然受到干扰时，驾驶员要尽可能保持驾驶姿势，牢牢把稳转向盘，尽量保持行车路线，尽快减速，并靠路侧选择安全地点停车，打开危险报警闪光灯，不要随意开启车门。在保证自身安全情况下，保持沉着冷静，尽量安抚乘客情绪，做好沟通解释。

（3）与乘客沟通解释过程中如果出现矛盾激化、事态升级或受到攻击时，驾驶员应及时拨打110报警电话，并向所属企业管理人员报告现场情况。

#### 3 注意事项

具备条件的出租汽车应当安装符合相关标准的驾驶区防护隔离设施，最大可能避免乘客干扰或攻击驾驶员安全驾驶等行为。

### 2 车辆自燃

#### 1 致险情形

车辆行驶过程中，由于车辆自身故障、所载行李自燃、人为纵火或碰撞起火等原因，导致车辆发生自燃。其中，因车辆自身故障导致的自燃现象主要有发动机舱起火、轮胎起火和电气线路起火等。

#### 2 处置措施及要领

车辆发生自燃时，驾驶员要保持头脑清醒，根据“先人后车”的原则，首先确保人员顺利逃生，然后尽量采取措施减少车辆及周围物品损失，及时进行报警、报告。

（1）立即选择安全区域停车，尽量避开加油站、住宅区、学校、高压线、易燃物等人员密集或易引起事态扩大的区域。关闭点火开关或燃气开关。拨打122交通事故报警电话、119火警电话，并向所属单位报告。

（2）按照相关法律法规规定，在车辆后方摆放危险警告标志：城市快速路和高速公路150m以上，一般道路50~100m，夜间还应适当扩大警告牌放置距离。

（3）迅速确认起火原因和火势，若在自燃初期，尽快采用灭火器给燃烧部位降温灭火，控制火势蔓延。若发动机舱内起火，尽量避免快速打开发动机舱盖，以防止空气的快速流动，引发火势增大，可选择从车身通气孔、散热器或车底侧，对起火部位实施灭火。

（4）灭火时，站在上风位置，将灭火器对准火焰根部喷射，由远及近，左右扫射，快速推进。同时，也可用路边的湿沙、湿土掩盖灭火。若着火车辆位于长大隧道内，且无法驶出时，可使用隧道内侧壁配置的灭火器、消火栓、固定式水成膜灭火装置等消防设施灭火。

#### 3 注意事项

（1）行车前驾驶员要对车辆的安全状况进行检查，特别是驾驶室内部、发动机舱、车辆外部和轮胎等部位，确保制动、转向、传动、悬架、轮胎、灯光、信号等设施设备以及发动机运转处于完好状态，避免车辆“带病”上路。要做好车辆应急锤、灭火器、应急门窗等应急设施设备的检查，确保完好有效。

（2）驾驶员要积极参与企业应急处置培训，熟练掌握车辆安全应急设施设备的使用方法。

（3）常见起火部位的灭火介质。

发动机起火：使用灭火器、沙、水等灭火。

油箱起火：使用灭火器、沙，地面有流淌火，用沙土隔离并将其扑灭。

电气系统起火：使用灭火器、沙土等灭火。

轮胎起火：使用灭火器、水、沙土等，灭火后有条件继续用水降温，防止复燃。

## 3 长大下坡制动失效

### 1 致险情形

车辆在长大下坡路段行驶时，由于频繁使用行车制动器，致使车辆出现制动器工作不良或因热衰退出现制动失效现象，多发于山区公路等连续下坡路段。

### 2 处置措施及要领

行驶过程中出现行车制动器制动不良或失效时，驾驶员采取以下应急处置措施：

（1）立即开启危险报警闪光灯，握稳转向盘，松抬加速踏板，抢挂低速挡减速。

（2）告知车内乘客扶稳坐好，充分利用紧急避险车道、坡道或路侧障碍物（如路侧护栏等）帮助减速停车。在不得已的情况下，可利用车厢靠向路旁的岩石、护栏、树林碰擦，甚至用前保险杠斜向撞击山坡，迫使车辆停住，以减小损失。

（3）停车后，在来车方向同车道摆放危险警告标志，在车轮下放置垫木或石块，防止车辆溜滑，及时查明原因，视情请求援助。原因未查明时，不应冒险继续驾驶。

### 3 注意事项

（1）按照规定对车辆制动系统进行定期维护，发车前做好日常检查，避免“带病”上路。

（2）日常驾驶过程中，如遇制动效能下降或制动距离延长时，及时对车辆制动系统进行检查和维护。

（3）行车过程中，发现连续下坡等交通标志时，提前控制车速，判断车辆制动性能。行车途中发现制动器出现异常情况时，及时停车排查，必要时就近维修，切莫存在侥幸心理。

（4）连续下长坡路段，提前换入低速挡，利用发动机的牵阻作用控制行驶速度，严禁弯道超车、空挡滑行或熄火滑行。

（5）鼓励道路运输企业优先选择安装缓速器或具有发动机制动、排气制动等功能的车辆。

## 4 车辆爆胎

### 1 致险情形

车辆爆胎主要是由轮胎老旧、异物穿刺、轮胎残损、车辆超速以及胎压过高或过低等情况导致。若车辆转向轮发生爆胎极易引发车辆失控，进而发生碰撞、侧翻等事故。

### 2 处置措施及要领

车辆行驶中发生爆胎，驾驶员应采取以下应急处置措施：

（1）如果转向轮发生爆胎，驾驶员应立即握稳转向盘，尽量控制车辆保持直线行驶，迅速放松加速踏板，采用“轻踩长磨”的减速方式，逐渐降低车速，选择安全地点靠边停车，打开危险报警闪光灯，来车方向同车道按规定摆放安全警告标志，换用备胎。高速行驶时严禁紧急制动。

（2）如果车辆已偏离正常行驶方向，驾驶员可适当修正行驶方向，但严禁急打转向盘，防止车辆失控。车速明显降低后，可间歇轻踩制动踏板，就近选择安全区域停车。

（3）如果车辆后轮发生爆胎，驾驶员立即握稳转向盘，保持行车路线，间歇轻踩制动踏板，就近选择安全区域停车。

### 3 注意事项

（1）车辆高速行驶时发生爆胎，尽量避免使用行车制动器制动，以免车辆失控侧翻。

（2）驾驶员要对轮胎进行日常检查和维护，并定期更换。

（3）驾驶员要保持良好的驾驶习惯，守法驾驶，严禁车辆超速。

（4）在路侧临时停车更换损坏轮胎时，应选择相对安全的地方，做好前后方的警示提醒，摆好安全警告标志，具备条件的，可安排一人在车辆来车方向150m外路侧护栏外进行警示提醒。

## 5 湿滑路面行驶

### 1 致险情形

常见导致路面湿滑的原因包括降雨形

成的路面积水和泥状混合物，以及冰雪凝冻形成的路面冰雪层等。湿滑路面的附着系数降低，车辆在湿滑路面行驶的制动及转向稳定性下降，易引发轮胎打滑、车辆侧滑等情况。

#### 2 处置措施及要领

（1）因雨雪天气导致路面湿滑，驾驶员应低速行驶。在冰雪路面行驶时，应提前在车轮上安装防滑链。极端情况下，要及时靠边停车或变换到状况良好的道路行驶，防止发生事故。

（2）车辆行驶过程中，如果发生轮胎打滑、车辆侧滑，驾驶员按照以下原则进行应急处置，使车辆迅速恢复到正常行驶状态：

发生车辆侧滑，迅速向侧滑的方向小幅转动转向盘，并及时回转转向盘进行调整。若车辆配备有ABS（防抱死制动系统），立即踩踏制动踏板至底部。若车辆未配备ABS，可间歇采取行车制动措施。行车过程中，如遇湿滑路面时，严禁制动与转向同时使用，降低侧滑概率。

#### 3 注意事项

（1）遇有沙尘、冰雹、雨、雪、雾、结冰等气象条件时，应当降低行驶速度。

（2）车辆在冰雪道路行驶时，最高行驶速度不得超过30km/h。

（3）在暴雨冰雪等恶劣天气下行驶时，应严格控制车速，保持安全车距，必要时开启雾灯、示廓灯。行驶中应缓踩加速踏板及制动踏板，握稳转向盘，转向时应相应增大转弯半径，避免急打转向盘转向。

（4）遇路面积水和泥状混合物路面时，要减低车速，避免“水滑”引发车辆侧滑。遇冰雪路面时要循车辙行驶，避免车辆因路况不良侧滑，并利用道路两侧的树木、电线杆、交通标志等判断行驶路线。

（5）驾驶员在出车前要关注途经区域的天气状况，行经雨雪凝冻高发地区，应随车配备防滑链等防滑装备，若有条件可换装雪泥轮胎、雪地轮胎。

### 6 紧急躲避障碍物

#### 1 致险情形

车辆行驶过程中，突遇前车遗撒货物、掉落零部件或车道内有障碍物等，易导致车辆躲避不及撞击损毁或过度操作失稳侧翻。

#### 2 处置措施及要领

车辆高速行驶过程中，突然发现前方车道内有障碍物时，驾驶员要首先降低车速，并观察前方物体及周边情况，车速不高且条件允许时，可以采取避让措施；如高速状态下或周边条件不允许时，严禁急转转向盘避让。

（1）握稳转向盘，立即制动减速，尽量降低碰撞瞬间的能量，同时迅速观察车辆前方和两侧的交通状况。

（2）车速明显降低时，采取转动转向盘绕过障碍物，或操控车辆向道路情况简单或障碍物较少的一侧避让。转动转向盘的幅度不应过大，转动速度不应过快。

（3）若紧急制动后，不具备转向躲避条件，无法避免撞击障碍物的，建议用车辆正前方中间位置撞击，最大限度防止车辆因撞击造成旋转失控侧翻。

#### 3 注意事项

（1）车辆高速行驶时，急转向极易造成车辆甩尾或侧翻，严禁高速行驶的车辆采取急转向措施避让。

（2）驾驶员驾车过程中，途经交叉路口、人行横道、施工道路、人员密集等区域时，提前注意观察、小心驾驶、减速慢行，安全通过。

### 7 驾驶视线不良

#### 1 致险情形

车辆行驶过程中，外在环境变化可导致驾驶员无法清晰观察车辆周围情况，常见的视线不良情形包括暴雪、暴雨、团雾等气象因素导致的道路能见度降低，以及夜间光照因素导致的可视距离不足。

#### 2 处置措施及要领

车辆行驶过程中，突遇暴雪、暴雨、团

雾等导致能见度快速下降，驾驶员要保持冷静，及时采取以下应急处置措施：

（1）开启前后雾灯与危险报警闪光灯，能见度过低时也要开启示廓灯、近光灯，提高警示效果。

（2）迅速降低车辆行驶速度，加大行车间距，严禁超车或变换车道，尽量选择中间车道或外侧车道行驶。

（3）握稳转向盘，连续平缓踩踏制动踏板，提醒后方车辆保持车距，避免追尾事故。

（4）能见度不具备安全行驶条件时，驾驶员应就近选择道路出口低速驶出，或驶入公路服务区停车。无法驶离道路时，可将车辆停靠于紧急停车带或应急车道，开启前后雾灯与危险报警闪光灯，人员撤至路侧或护栏外侧，等待能见度恢复，同时要按规定在车后方50~150m处摆放好三角警示牌。

（5）车辆发生事故无法继续行驶时，及时开启危险报警闪光灯，并在车辆后方放置警告标志。

夜间行驶遇照明不良路段时，驾驶员应保持精力集中，谨慎驾驶，避免发生交通事故。

（1）严禁超速，遇地面积水反光、隧道出入口等明暗快速变化路段，以及弯道、坡路、桥梁、窄路等视距不足路段时，提前减速，适度加大行车间距。

（2）关闭远光灯，使用近光灯，保持视线远离对向来车的明亮光线，避让路边行人与非机动车。如对向来车使用远光灯，影响自车观察路况时，变换远光灯、近光灯，提醒对方及时变换近光灯。

（3）车辆超车时，提前开启转向灯，变换远近光灯提醒前车驾驶员，仔细观察周围情况，在保证安全的前提下，稳妥超越前车。完成超车后，观察周围交通状况，在确保安全的情况下，驶回原车道。

（4）注意观察交通标志，及时识别陡坡、急弯、窄路、窄桥、临水临崖等复杂路面情况，提前采取减速、制动、变换挡位等措施。

#### 3 注意事项

（1）驾驶员在出车前，要检查照明、喇叭、空调、除雾等装置，确保功能良好。

（2）行驶过程中，遇暴雨、暴雪、团雾等恶劣天气时，应就近选择安全区域停车避险，耐心等待暴雪、暴雨停止或大雾散去，待视线恢复后再行车，切忌冒险驶入低能见度区域。

（3）提前了解途经区域的天气情况，尽量主动避开恶劣天气。

### 8 突遇自然灾害

#### 1 致险情形

我国部分地区自然灾害频发，极易对车辆行车安全造成严重威胁。常见的自然灾害情形包括冰雹、台风、泥石流、山体滑坡、地震等。

#### 2 处置措施及要领

（1）行车过程中突遇恶劣天气时，驾驶员立即降低车速，尽量跟车行驶，保持安全车距，开启危险报警闪光灯，控稳转向盘，平稳行驶，如需改变行驶路线应尽量缓转动转向盘。

（2）行车过程中，如遇暴雨、冰雹等极端恶劣天气时，要及时选择安全区域停车躲避，开启危险报警闪光灯、示廓灯。

（3）行车过程中突遇台风时，驾驶员要握稳转向盘，降低车速，防止因横风作用致使行驶方向偏移，尽量减少超车。如果是逆风行驶，要注意风向突然改变或者道路出现较大弯度时，因风阻突然减小而导致车速猛然增大。

（4）行车过程中突遇泥石流、山体滑坡时，驾驶员应立即减速或停车观察，确认安全后尽快通过，或行驶到安全区域停车，情况不明时避免自行清理路障。若行驶车辆无法避让泥石流、山体滑坡时，应及时弃车逃生，等待救援。

（5）行车过程中突遇地震时，驾驶员要握稳转向盘，立即寻找开阔地点停车，

避免驶入桥梁、隧道、堤坝等设施，同时提醒车内人员加强自身防护。地震过后，应保持低速行驶，观察道路损坏情况，保障行车安全。

**3 注意事项**

（1）驾车行经自然灾害多发区域前，驾驶员应提前收集行驶沿途地区的天气及交通信息，熟悉高速公路出入口、沿线服务区，制定备用行车路线。

（2）雨天行车时，特别是连续大雨后，行经山区路段需注意泥石流和山体滑坡。

（3）驾驶员根据行驶途经区域季节性气候变化情况，及时更换相适应的冷却液、机油、燃油等。行经暴雪、冰雹多发地区，要随车携带防滑链、垫木等应急工具。

### 9 驾乘人员突发疾病

**1 致险情形**

车辆行驶过程中，驾驶员由于身体原因出现头昏、腹痛、心绞痛等突发疾病时，易导致车辆控制困难或失去控制，存在重大安全隐患。

**2 处置措施及要领**

驾驶员突发疾病时，如具备继续操作车辆能力，尽量控制车辆行进方向，按照“停车、开门、疏散、求救”的程序进行处置。

（1）立即开启危险报警闪光灯，夜间还需开启示廓灯、后位灯，尽快选择应急车道或紧急停车带等安全区域停车，若驾驶员无法控制腿部，可利用驻车制动器减速。

（2）车辆停稳后，拉紧驻车制动器操纵杆，打开车门并告知乘客临时停车原因，请求协助设置危险警告标志、组织现场人员安全疏散。

（3）及时采取自救措施，若病情不明或病情较严重时，立即拨打120急救电话，同时向所属企业管理人员报告现场情况及车辆停靠位置，请求救援。

乘客突发疾病时，驾驶员应保持冷静，遵循生命至上的原则，妥善处置。

（1）立即选择应急车道或紧急停车带等安全区域停车，开启危险报警闪光灯，设置危险警告标志。

（2）查看问询乘客病情，及时采取基本救助措施施救。

（3）若病情不明或病情较严重时，立即向车内寻求专业医务人员进行救助、拨打120急救电话或送往就近医院救治。

**3 注意事项**

（1）驾驶员应定期体检，做好疾病预防工作。

（2）驾驶员应保持良好的生活和作息习惯，学会自我调节，掌握常见突发疾病的救助知识和技能。

## 第四节 网络预约出租汽车驾驶员自我安全防范

网约车运营具有流动性、分散性及服务对象不特定性等特点，容易成为犯罪分子侵害的目标。驾驶员必须要保持高度警惕，防范违法犯罪活动，维护国家、集体利益，保护自身及乘客的人身和财产不受侵犯。

### 一 针对网络预约出租汽车犯罪的形式

近年来，针对网约车的犯罪数量居高不下，严重影响了正常的社会治安秩序。犯罪形式是对驾驶员的暴力抢劫、敲诈勒索、

威胁利用、寻衅滋事等，作案地点主要在市内偏僻、行人稀少的地方或城乡接合部、城中村，作案时间大多在20时至次日4时之间。

### 1 暴力抢劫

暴力抢劫以网约车及驾驶员随身财物为抢劫目标，此类犯罪占出租汽车领域犯罪发案总数的40%～50%，以团伙流窜作案为主。犯罪分子分工明确，作案前对实施犯罪的时间、路线、地点都进行了周密的策划和布置，将出租汽车诱骗到偏僻的地方或其他同伙设伏的地点，形成里应外合之势，依靠凶器以暴力手段控制驾驶员，从而达到抢劫财物的目的。

**案例**

**抢劫网约车嫌犯被公诉**

某日，网约车驾驶员刘某通过某网约车软件，将罗某从惠州市新沙路某楼盘送到惠阳区淡水。到达目的地后，罗某突然从身上掏出一把刀，将刘某捅伤并抢走其手机一部，刘某随即弃车逃生并报警，罗某马上驾驶该车逃离现场。事后第二日，罗某在亲友的劝说下投案自首，惠州市惠阳区检察院依法对被告人罗某以涉嫌抢劫罪向惠阳区人民法院提起公诉。

### 2 敲诈勒索

敲诈勒索以敲诈网约车驾驶员钱财为目的，此类犯罪占出租汽车领域犯罪发案总数的25%左右。犯罪分子中途找借口下车办事，返回车上后以手机或钱包在车上不见了为由，对驾驶员实施敲诈；或者由一名女犯罪分子装扮成乘客，色诱驾驶员发生越轨行为，然后其他犯罪分子以丈夫或亲属的身份突然出现，进行敲诈勒索。犯罪分子正是利用许多驾驶员害怕打击报复、息事宁人、破财消灾的心理，达到讹诈钱财的目的。

### 3 威胁利用

威胁利用以网约车为作案工具对第三人实施抢劫，此类犯罪占出租汽车领域犯罪发案总数的10%左右，多为团伙作案。犯罪分子利用、拉拢或胁迫驾驶员参与违法活动，多在夜间乘坐出租汽车至偏僻处抢劫财物。此类犯罪为夏季多发，犯罪随机性大，侵害对象不特定。

### 4 寻衅滋事

寻衅滋事以泄私愤、报复社会为目的。此类犯罪大多是由醉酒、冲突或敲诈、心理变态等引起，表现为故意伤害驾驶员、砸毁出租汽车等。犯罪主体多为涉及黑恶势力的犯罪分子，作案手段隐蔽，打击处理难度较大。

## 二 网络预约出租汽车防范措施

为了保护网约车驾驶员的生命和财产安全，必须采取有效的技术防范措施，如安装安全隔离防护装置、车载卫星定位装置、应急报警装置等安全防范装置。

安全隔离防护装置主要有有机玻璃、硬塑料和金属格栅等形式。车载卫星定位装置是有效的遇劫报警和防盗装置，具有报警快、定位准的特点，可以实施远程监控。车载卫星定位装置的防劫功能是：当驾驶员遇险触动报警开关时，监控中心可以迅速收到报警信息，电子地图会显示报警车辆具体位置并上传照片；监控人员会连续抓拍车内照片，观察车内情况，并拨打报警电话。

**应急报警装置使用注意事项**

应急报警装置是基于车载卫星定位装置的报警按钮。当网约车驾驶员遭受侵害和干扰时，为保障自身人身和财产安全，驾驶员可以按下报警按钮，这时调度中心立即进入预警状态并报警，协助驾驶员脱身或远离危险区域。

使用应急报警装置时的注意事项有：

（1）始终保持车载卫星定位装置和报警器联动有效，与调度中心连接号畅通。

（2）搭载乘客至地下停车场或信号盲区等治安重点防范区域时应提高警惕。

（3）乘客上下车尽量不要在信号盲区（地下停车场除外）。

## 三 驾驶员防范措施

网约车治安防范最有效的措施是增强驾驶员的自我防范意识，将安全防范工作落实到整个运营过程当中。

### 1 提高驾驶员防范水平

（1）驾驶员要参加防劫培训或自学防劫知识，掌握遇劫报警装置使用方法和遇劫处置方法。

（2）运营前，要检查防护装置是否牢固有效，报警装置是否完好有效。

（3）驾驶员要在乘客上车前观察乘客携带什么物品，判断是否有藏匿作案工具或危险器具的可能。对乘客提携包装严密又无特征的行李，驾驶员要主动帮助提拿、安放，并询问试探，如乘客坚决拒绝帮助且神色紧张、语无伦次，则应小心预防。

（4）乘客上车后，先问话、看神态、识劫匪。乘客有以下几种情况时要特别警惕：①目的地不固定，频繁变化地点；②主动报高价、加价，且不要发票；③宣扬显赫身份，但其衣着、举止又与身份不符；④沉默寡言、举止诡秘、神色紧张，口袋或包中有硬物。

（5）夜间承揽去往偏僻或郊区的业务时，尽可能选择光线较好或行人、车辆来往较多的路段行驶。承揽跨省、市或县的业务时，应向网约车经营者报告，验证乘客身份，并按规定办理相关登记手续。

（6）夜间或在偏僻地方，尽可能选择光线较好或较为热闹的地方停车。停车开票时，要注意观察，如果乘客下车到驾驶员窗外付费，则要关闭车门锁，车窗玻璃不用开大。对未付车费就离车而去的乘客，必须予以提防，做好应变的准备。

（7）车辆在加油或出现故障时，如果驾驶员需要离开车辆，一定要锁好车门并带上随身财物。车辆停驶后，最好停放在安全地点，尽量不要停放在路边，并将财物随身带走。犯罪分子多采用砸碎车窗玻璃的方法盗窃财物，甚至盗窃车辆，因此，在出租汽车上应该安装防盗报警装置。

（8）见到其他车辆发出求救信号时，应当赶往协助，并迅速报警。

### 2 抢劫发生时的防范方法

发生抢劫事件，驾驶员要沉着冷静，巧妙处理险情，注意保护自身的安全，尽量不要与歹徒发生正面冲突，切不可惊慌失措。

#### 1 临危不惧

发生抢劫时，驾驶员一定要冷静、临危不惧，观察周围环境，随机应变，及时启动报警装置。如果行车中遇到警察或警车时，

要设法做出能引起警察注意的举动，如违章行驶、突然停车等。

### 2 快速反应

通过犯罪分子的言行和自己的观察分析，判明犯罪分子的真实企图是抢钱还是劫车。在财产和生命安全面前，应当首先考虑生命安全。如果劫匪人数多，停车地方又偏僻，弃车保全生命、牢记犯罪分子体貌特征、保存好相关证据、及时向公安机关报案是上策。

### 3 把握时机

犯罪分子劫车一般在停车后下手，驾驶员发现有劫车企图时，不要轻易停放，也不要轻易下车，尽可能将车开到机关、厂矿、学校、居民区等人多繁华地区停车，夜间要开到路灯下停放。



# 第五节 危险品的识别与处置

网约车运营过程中，乘客有可能携带的易燃、易爆物品，驾驶员所用的打火机和车内含酒精的香水，都是安全隐患。驾驶员有必要学习一些危险品的知识，掌握常见危险品的识别方法和紧急情况处置的办法。

## 一 危险品的分类及特性

国家标准《危险货物分类和品名编号》（GB 6944）将危险货物分为9个类别：爆炸品；气体；易燃液体；易燃固体、易于自燃的物质、遇水放出易燃气体的物质；氧化性物质和有机过氧化物；毒性物质和感染性物质；放射性物质；腐蚀性物质；杂项危险物质和物品。

### 1 爆炸品

爆炸品是指在外界作用下（如受热、撞击等），能发生剧烈的化学反应，瞬时产生大量的气体和热量，使周围压力急剧上升，发生爆炸，对周围的环境造成破坏的物品。爆炸品爆炸性强、敏感度高，如雷管、火药、炸药、弹药、导火索、烟花爆竹等。

### 2 气体

气体按照其化学性质分为易燃气体、非易燃无毒气体和毒性气体三项。

（1）易燃气体泄漏时，遇明火、高温或光照，即会发生燃烧或爆炸。燃烧或爆炸后的生成物对人体具有一定的刺激和毒害作用，如氢气、一氧化碳、乙炔、液化石油气、压缩天然气等。

（2）非易燃无毒气体泄漏时，遇明火不燃。直接吸入体内无毒、无刺激、无腐蚀性，但高浓度时有窒息作用，如压缩空气、氧气、二氧化碳等。

（3）毒性气体泄漏时，对人畜有强烈毒害、窒息、灼伤、刺激等作用，有些还能

燃烧，如一氧化氮、氯气、催泪瓦斯等。

### 3 易燃液体

易燃液体是指易燃的液体或液体混合物。易燃液体最主要的危险是其蒸气挥发导致燃烧和爆炸，可以通过皮肤、消化道和呼吸道被人体吸收而致人中毒，如汽油、柴油、煤油、乙醇、油漆类等。

### 4 易燃固体、易于自燃的物质、遇水放出易燃气体的物质

（1）易燃固体是指燃点低，对热、撞击、摩擦敏感，易被外部火源点燃，燃烧迅速，并可能散发出有毒烟雾或有毒气体的固体物质，如硫黄、火柴等。

（2）易于自燃的物质是指自燃点低，在空气中易于发生氧化反应，放出热量而自行燃烧的物品，如黄磷、金属钙粉等。

（3）遇水放出易燃气体的物质是指遇水或受潮时，发生剧烈化学反应，放出大量的易燃气体和热量的物品，有些不需明火即能燃烧或爆炸，如电石、金属钠等。

### 5 毒性物质和感染性物质

毒性物质是指经吞食、吸入或接触皮肤后可能造成死亡或严重受伤或损害人类健康的物质，如砒霜、氰化物、生漆及各种农药、杀蚊剂等。

感染性物质是指带有某些病原体，能使人和动物染上疾病的物质，如细菌、病毒、医疗废弃物等。

### 6 放射性物质

放射性物质是指能够自发地、不断地向周围放出穿透力很强、不能被人的感觉器官察觉的射线物质。放射性物质产生的辐射污染，能使人患病，甚至死亡，如镭、铊、硼等。

### 7 腐蚀性物质

腐蚀性物质是指能灼伤人体组织，并对金属等物品造成毁坏的固体或液体。腐蚀性物质具有腐蚀性、毒性、易燃性或氧化性，如酸性腐蚀品（硫酸、硝酸、盐酸）、碱性腐蚀品（氢氧化钠、碳酸钠）、其他腐蚀品（甲醛）等。

**危险品的排查方法**

出租汽车驾驶员排查乘客是否携带危险品的方法包括：

（1）望：观察乘客携带的物品是否为较大物品、深色塑料袋袋装物品或桶装、瓶装物品等。此外，观察乘客神情是否紧张或伪装镇定，行为表现是否异常、不耐烦，如不愿接受询问或催促开车等。

（2）闻：是否有刺激性气味、芳香味、氨味等异味。

（3）问：发现可疑情形时，主动询问乘客携带的是何物品，同时注意礼貌用语，避免与乘客发生言语或肢体冲突。

## 二 发现乘客携带危险品的处置方法

在网约车运营过程中，如果驾驶员发现乘客携带有危险品时，应当分别按照以下情形进行处置。

### 1 耐心劝导

如果驾驶员发现乘客携带汽油、酒精、鞭炮等易燃、易爆危险品乘坐网约车，应当告知乘客，这些物品是危险品，不能携带乘车，否则，存在安全隐患，容易引发安全事故，不仅给自己带来安全风险，也可能影响到社会公共安全。

### 2 拒绝提供服务

如果乘客既不同意将危险品自行处理，又执意要携带危险品上车，驾驶员有权拒绝提供运营服务，将该乘客“请下车”，合理“拒载”。若发现车内有不明遗留物品，切忌随意打开或翻动，要立即通知公司或报警，进行合理处置。

### 3 终止提供服务

如果驾驶员在运营过程中发现乘客携带危险品，应当首先将车辆停放在安全的位置，然后告知乘客随车携带危险品的危害性，由乘客将危险品及时进行处置。若乘客执意要携带危险品继续乘车，驾驶员有权终止运营服务。

## 三 危险品运输事故的处置方法

如果网约车在运营过程中与危险货物运输车辆发生碰撞，突发危险品燃烧、爆炸

等紧急情况时，驾驶员应当快速反应、正确处置。

**1 立即停车**

（1）尽可能将车辆停放在公路或高速公路右侧允许临时停车的地方，如安全岛、右侧路肩、应急车道等。严禁在以下地点停车：人群集中区域、水源地重要建筑物附近，如学校、加油站、桥梁隧道、水库等；树下、电线杆、高压线、铁塔等容易遭到雷击的地点。

（2）车辆停稳后，拉紧驻车制动器操纵杆，关闭发动机，开启危险报警闪光灯。夜间时，还应开启示廓灯、尾灯。

（3）在车辆后方同车道50～100m处设置故障车警告标志。如在高速公路上，应在150m外设置故障车警告标志。

**2 紧急疏散**

发生危险品泄漏、着火等危险情况时，应尽快协助乘客下车并撤到上风安全区域。同时做好隔离和警戒工作，劝导周围群众不要围观，并远离危险区。

**3 报警求助**

发生紧急情况时，驾驶员应转移到上风安全区域，并根据事件现场发展情况向当地消防部门（119）、公安部门（110）、急救中心（120）等请求救援。

**4 抢救伤员**

事故现场有人员伤亡的，驾驶员应立即抢救受伤人员（如止血、包扎、固定），及时将轻微伤员和其他人员疏散到安全地带。因抢救受伤人员变动现场的，应当标记伤员的原始位置。

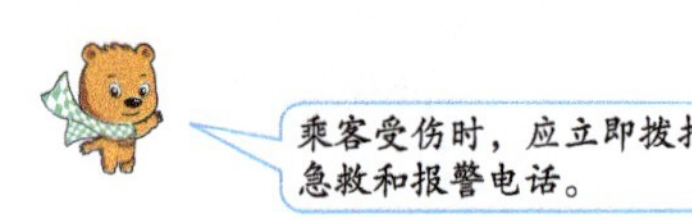

**5 及时汇报**

驾驶员应当迅速向事发地公安交通管理部门、交通运输部门和网约车经营者报告突发事件的有关内容，包括时间、地点、危险品泄漏和着火情况、初步估计的事故发生原因等。

**酸碱腐蚀性化学品外泄受伤伤员的处理**

在救护酸碱腐蚀性化学品外泄引起受伤的伤员时，救护者首先要做好自我防护。防护的办法包括：用湿毛巾外覆口鼻，减少呼吸道刺激；戴好防护手套或穿好防化服等。

对被少量腐蚀化学品沾染的部位，应立即用干毛巾或纸巾蘸吸，并用大量清水冲洗15min以上；如果伤员身体被大面积沾染，应迅速脱去其身上衣服，用大量清水冲洗20min以上；如果伤员将腐蚀液误入口腔，可用牛奶、鸡蛋清或米汤面糊等灌食，以保护胃肠道。

# 第三章 网络预约出租汽车驾驶员的社会责任与职业道德

本章主要介绍网约车驾驶员的职业特点、社会责任及职业道德等方面的知识。驾驶员通过对本章的学习，能够了解网约车驾驶员的职业特点，深入理解驾驶员社会责任和职业道德的内涵，树立牢固的社会责任感，养成良好的职业道德，具有健康的职业心理，促进网约车行业健康、有序、和谐发展。

## 第一节 网络预约出租汽车驾驶员的职业特点

网约车是城市综合交通运输体系的重要组成部分，对满足人民群众个性化出行需求发挥了重要作用。网约车行业也是重要的服务行业，在促进城乡经济发展、方便群众出行、扩大社会就业、树立城市形象等方面，具有非常关键的作用。

### 一 单人单车运营，服务要求高

网约车经营服务的首要要求，就是为乘客出行提供专属（乘车期间）、快捷、方便、舒适、安全的“门到门”服务。出租汽车驾驶员具有单人单车完成运营服务的特点，驾驶员除了要有娴熟的驾驶技术和丰富的行车经验，还要有更强的安全意识、服务技能和专业素质。

### 二 流动性大，劳动强度高

网约车运营主要集中在城市及周边地区，尽管线路不是很长，但具有点多、面广、拥堵、工作时间长等特点。驾驶员需要长时间连续驾驶，并始终保持良好的精神状态，时刻观察道路条件、交通环境和车辆运行状况等信息，准确识别潜在的风险，迅速地操控车辆进行应对，劳动强度很高。

## 三 环境复杂多变，安全风险大

网约车多行驶在城市，车流和人流较大，交通环境瞬息万变，驾驶员每时每刻所遇到的交通状况都会不同，例如：前方有行人突然横穿道路、前方车辆突然减速、后侧车辆不断闪灯、前方道路突然变窄、前方突然出现大雾等。每一种异常情况的出现，都预示着随时会有交通事故发生的危险，需要驾驶员及时、正确地应对。

## 四 不规范的操作，对社会危害大

网约车主要是为乘客提供出行服务，比较频繁地在路边停车、上下乘客。驾驶员如果不遵守职业行为要求，安全意识不强，就可能引发交通事故，给社会带来巨大的危害。交通事故不仅仅会给驾驶员自身造成影响，还会造成乘客及其他交通参与者人身伤亡和财产损失。驾驶员通常是家庭生活的重要支柱，如果因安全事故致残、致死或面临牢狱之灾，将给整个家庭蒙上阴影。

## 五 服务对象多样，行业形象影响大

网约车驾驶员每天都要与众多来自四面八方的乘客接触，在向乘客提供道路运输服务的同时，与乘客还会有语言、感情、思想等方面的交流。驾驶员的言谈举止不仅仅反映其个人素质高低，还代表着出租汽车行业的形象，是行业文明的“窗口”。驾驶员除了将乘客安全、准时地送到目的地外，还肩负着为乘客提供优质服务的职责。

## 六 工作环境较差，损害生理和心理健康

网约车行驶中，驾驶员常常受到车辆颠簸、振动和环境噪声的影响，工作空间又很狭小，容易引发生理疾病。此外，驾驶员面临着复杂多变的交通环境，长时间处于高度紧张状态，同时还会受到各种外界因素的刺激，如遭遇其他车辆和行人的挑衅、与乘客因各种原因发生争执等，心理状态容易发生

变化，甚至产生消极、抑郁心理。

## 第二节 网络预约出租汽车驾驶员的社会责任

网约车驾驶员的社会责任是指其在运营中对社会和谐发展应负的责任，包括承担高于自身目标的社会义务、法律义务和经济义务等。网约车运营安全是社会安全的一个重要组成部分，驾驶员的安全意识是其社会责任的核心。

因此，选择网约车驾驶员职业，不应单单是为了选择一种谋生的手段，更重要的是从社会发展和进步的长远利益出发，树立"珍爱生命、安全第一"的从业理念，严格遵守安全运营的相关法律法规，做到安全驾驶、文明行车、守法经营、优质服务、节能环保，为个人和出租汽车经营者创造更好的社会声誉和经济效益，真正体现出个人的社会价值。

### 一 保障人的生命、财产安全

如果驾驶员不遵守安全法规和操作规程，哪怕是一时的疏忽，都可能引发交通事故，造成乘客伤亡或财产损失，甚至还会威胁到其他交通参与者的生命、财产安全，使多个家庭支离破碎。因此，驾驶员所从事的工作，不仅仅是操控汽车这么简单，还包含着更多的责任。这种责任不仅仅是一种社会责任，还是一种法律义务。

随着社会的不断进步，人的生命安全也越来越受到重视。因此，作为一名合格的出租汽车驾驶员，首先必须肩负起保障乘客和其他交通参与者生命、财产安全的责任，将其作为完成经营服务的中心任务，谨慎驾驶，礼让行车，把乘客安全、准时地送达目的地。

### 二 为乘客提供优质服务

网约车通过道路运输实现乘客的位移，而且还向乘客提供服务。因此，在运营过程中，驾驶员岗位具有双重职责，除了安全驾

驶汽车外，还要为乘客提供服务。

随着社会的进步和人民生活水平的全面提高，人民群众对各类服务不断提出新的要求。驾驶员与乘客之间存在着服务合同关系，因此，驾驶员有义务根据乘客的实际需求，提供安全、优质、高效的运营服务，保护乘客的合法权益，提高乘客的满意程度。

**乘客的服务需求**

网约车运营服务的对象是乘客。乘客在乘坐网约车的过程中，既有共性的需求，也有个性化的需求。驾驶员要尊重乘客的选择，满足乘客的个性需要，为乘客提供安全、方便、快捷、舒适的服务。

（1）安全的需求。出行安全是乘客对出租汽车运营服务的第一需求。乘客对安全的需求，决定了驾驶员必须严格遵守道路交通安全法律法规，杜绝违法行为和不良驾驶习惯，文明行车、安全驾驶。

（2）方便的需求。多数人乘坐网约车出行，是为了出行方便。驾驶员在运营中，需要注意确认乘客的目的地、用车时间等，不挑客、不拒载，为乘客出行提供更多方便。

（3）快捷的需求。网约车能为乘客提供快捷的出行服务，是人们选择其出行的原因之一。驾驶员在运营中，应合理地规划行驶线路，尽量避开交通信号灯多和拥堵的路段，做到不绕道、少绕道，以保证乘客的快捷出行。

（4）舒适的需求。网约车为乘客提供了专属的乘坐空间，乘客对乘坐的舒适度要求也不断提高。驾驶员要保持车内外干净整洁，车内无异味、杂物，并及时根据乘客需求调整车内的温度、播放音乐等，营造舒适的出行氛围。

（5）尊重的需求。乘客作为消费者，心里都渴望得到尊重。驾驶员规范的仪容仪表、使用文明礼貌用语、与乘客积极沟通的态度，以及尊重乘客隐私、按规定收费等，都是尊重乘客的体现。

## 三 促进经济发展、传递社会正能量

发生道路交通安全事故，一方面给自己和他人带来了痛苦，有时还会引发纠纷和社会恐慌；另一方面使个人和出租汽车经营者蒙受重大的经济损失，阻碍了社会经济发展。可见，安全是影响社会经济发展、和谐进步的重要因素。

驾驶员一方面需要不断提高自身的安全运营素质，提高工作效率，促进社会经济发展；另一方面也有责任不断提高个人的道德修养，充分发挥行业文明窗口的作用，向社会传递正能量，促进社会和谐进步。例如：文明礼貌、助人为乐、爱护公物、保护环境、遵纪守法、诚实守信、扶危济困、拾金不昧等。

## 四　节能减排、保护环境

人类正面对形势日益严重的能源危机和全球气候变化，同时油价也在不断地波动，驾驶员要树立节能与环保意识，学习和掌握节能驾驶知识，提高节能驾驶技能，减少汽车燃油消耗和废气排放污染。

# 第三节　网络预约出租汽车驾驶员的职业道德

我国社会各行各业职业道德总体的要求是：爱岗敬业、诚实守信、办事公道、服务群众、奉献社会。出租汽车驾驶员从事的是一种服务性的工作，职业道德是驾驶员在特定的职业活动中应遵守的行为规范和准则的总和，是社会责任感的具体体现。

网约车驾驶员的职业道德具体体现在遵章守法、依法经营、诚实守信、公平竞争、优质服务和规范操作6个方面。

## 一　遵章守法

遵章守法是网约车驾驶员做好经营服务的前提和保证。遵章守法，就是要遵守国家的相关法律、法规和规章，任何行为不得超出法律、法规和规章允许的范围。

与社会上其他职业相比，网约车驾驶员的特殊性在于从事的活动与人民生命财产安全息息相关。如果驾驶员缺乏法律意识，意外发生交通事故，不仅会使乘客人身和财产受到伤害或损失，而且也会产生很坏的社会影响和其他负面效应。因此，驾驶员应将遵章守法放在首位，加强法制观念，确保行车安全，避免各类事故的发生。

遵章守法需要做到以下几点：

（1）认真学习国家有关法律、法规和规章，熟知道路交通安全和道路运输方面的法律、法规，自觉遵守各项规章制度和安全操作规程，充分认识遵章守法的重要性。做到学法、知法、守法、用法。

（2）牢固树立法律意识，严格守法，能够用法律、法规来保障自己的合法权益，解决纠纷。

（3）始终把人民群众的生命财产安全放在首位，树立“安全就是效益”的思想，不断提高安全驾驶操作技能，努力探索安全行车规律。

（4）培养良好的驾驶作风和职业习惯，加强自身修养和良好个性心理的养成，不开“违章车”“英雄车”“斗气车”；文明行车，为维护公共交通秩序，保障道路安全畅通作出应有的贡献。

**小知识**

### 一次记 12 分的行为

《道路交通安全违法行为记分管理办法》（公安部第 163 号）规定，机动车驾驶员有下列违法行为之一，一次记 12 分：

（1）饮酒后驾驶机动车的；

（2）造成致人轻伤以上或者死亡的交通事故后逃逸，尚不构成犯罪的；

（3）使用伪造、变造的机动车号牌、行驶证、驾驶证、校车标牌或者使用其他机动车号牌、行驶证的；

（4）驾驶校车、公路客运汽车、旅游客运汽车载人超过核定人数 20% 以上，或者驾驶其他载客汽车载人超过核定人数 100% 以上的；

（5）驾驶校车、中型以上载客载货汽车、危险物品运输车辆在高速公路、城市快速路上行驶超过规定时速 20% 以上，或者驾驶其他机动车在高速公路、城市快速路上行驶超过规定时速 50% 以上的；

（6）驾驶机动车在高速公路、城市快速路上倒车、逆行、穿越中央分隔带掉头的；

（7）代替实际机动车驾驶员接受交通违法行为处罚和记分牟取经济利益的。

## 二 依法经营

依法经营是网约车经营者及驾驶员的基本权利和基本义务。依法经营，首先是要依法取得网约车经营许可，即经营主体合法；其次是按照法律、法规、规章和规范依法从事网约车经营活动，即经营行为合法。

网约车经营者取得经营许可后，要严格按照规定条件和经营规范开展经营活动，保障乘客、驾驶员的人身、财产安全，维护公共利益。驾驶员要掌握服务标准和安全行车知识，严格遵守服务规范，依法依规运营。

## 三 诚实守信

诚实守信是网约车驾驶员职业道德的行为准则，是真实无欺、遵守承诺和契约的品德和行为，是维护乘客利益的基本要求。驾驶员只有诚实守信，才能赢得乘客的信任和社会的认可。

驾驶员诚实守信需要做到以下几点：

（1）树立信誉第一的意识，努力提高服务品质，时刻为满足乘客的需求着想，按承诺的要求进行服务。

（2）行驶过程中，必须履行岗位职责，认真遵守网约车经营服务的各项规定，确保乘客安全、及时地到达目的地。

（3）运营中按规定计价、收费、出具发票，未经乘客同意不绕道行驶、不强行拼载，绝不允许投机取巧、弄虚作假、欺骗乘客、变相勒索等行为的发生，不能因地域、民族、年龄等因素欺瞒乘客，做到自重、自省、自励。

## 四 公平竞争

公平竞争是网约车经营者及驾驶员职业道德的基本要求。公平竞争，就是要依照统一规则从事网约车经营活动，通过提升自身的服务水平和管理理念参与竞争。

驾驶员公平竞争需要做到以下几点：

（1）改善服务方式，提高服务水平。在运营中，努力提高工作效率，优化服务品质，增强竞争力，确保出租汽车市场的规范和健康发展。

（2）要在合法合理的前提下增强竞争意识，文明、公平、公正不得妨碍市场公平竞争，不得侵害乘客合法权益和社会公共利益。

（3）不得有为排挤竞争对手或者独占市场，以低于成本的价格运营扰乱正常市场秩序，损害国家利益或者其他经营者合法权益等不正当价格行为。

## 五 优质服务

优质服务是网约车驾驶员职业道德的核心。优质服务，就是乘客至上，真诚待人，服务热情、周到，急乘客所急、想乘客所想，维护乘客的合法权益，在提升服务质量上下功夫。

驾驶员优质服务需要做到以下几点：

（1）保持车容整洁、车况良好，服务设施要齐全、有效。着装规范，仪容大方，给乘客以亲切感和信任感。

（2）使用行业标准用语和文明礼貌语言，创造良好的沟通环境与和谐的氛围，及时化解与乘客的各种矛盾。

（3）合理选择行驶路线或根据乘客要求选择行驶路线，因拥堵、管制、事故等特殊情况需要改变行驶路线时，必须征得乘客同意。严禁拒载、议价、途中甩客、故意绕行。

（4）有序停靠，计程收费，拾金不昧。按规定使用计价器，执行收费标准，并主动出具有效车费票据。

## 六 规范操作

网约车驾驶员要确保行车安全，提高工作效率和经济效益，必须掌握过硬的安全驾驶技能和丰富的专业知识，严格遵守安全操作规程。

驾驶员规范操作需要做到以下几点：

（1）认真遵守道路安全法律、法规的有关规定和网约车驾驶员安全操作规范，不断提高自身的安全意识和行为。

（2）切实做好出车前、行车中和收车后的车辆日常维护和检查，提前发现隐患，防患于未然，避免行车过程中车辆发生故障。

（3）行车中牢记谨慎驾驶的三条黄金原则：集中注意力、仔细观察和提前预防。

（4）树立环保与节能驾驶意识，养成行驶中不急加速、不紧急制动、不急停车及候客熄火等良好习惯；选择最经济的行驶路线，减少汽车燃油消耗和废气排放污染，降低运营成本。

# 第四章 网络预约出租汽车运营服务规范

本章主要介绍网约车运营服务要求、网约车运营服务流程、网约车驾驶员服务技巧与禁忌等方面的知识。驾驶员通过对本章的学习，能够掌握车辆和驾驶员的相关运营标准，掌握基本服务流程及运营特殊情况处理方法，掌握服务的技巧和禁忌、服务纠纷的处理方法。

## 第一节 网络预约出租汽车运营服务标准

《网络预约出租汽车运营服务规范》(JT/T 1068—2016)对网约车平台公司、驾驶员、车辆的服务要求和流程、安全运营作出了更细致的规定，体现了对网约车运营服务的全过程、标准化、规范化服务要求。

### 一 网约车平台公司运营要求

#### 1 总则

应保证网络服务平台的运行可靠性，提供24h不间断运营服务。

对于服务过程中发生的安全责任事故等，应承担先行赔付责任，不得以任何形式向乘客及驾驶员转移运输服务风险。

#### 2 车辆管理

(1)车辆应取得当地公安部门核发的机动车牌照和行驶证，取得当地出租汽车行业管理部门核发的营运证件。

(2)应确保网络服务平台(又称线上)提供服务车辆与实际(又称线下)提供服务车辆一致(可通过安装车载终端等手段，对车辆运行和服务过程进行实时动态监控)。

(3)应建立车辆定期检查、维护制度，并建立车辆修理、维护档案，确保按规定对车辆进行安全性能检测。

#### 3 驾驶员管理

应建立健全网约车驾驶员岗前培训、继续教育制度，定期组织驾驶员开展有关法律法规、职业道德、服务规范、安全运营等方面的教育培训，并建立培训档案。

运营期间应确保线上提供服务驾驶员与线下实际提供服务的驾驶员一致（可通过实时采集驾驶员个人生物特征数据，与驾驶员上传身份资料进行对比等方式）。

### 4 信息安全

（1）应建立信息安全保护制度，加强对个人信息、国家安全信息的保护。其中，个人信息包括驾驶员、约车人和乘客的姓名、联系方式、家庭住址、银行账户或者支付账户、地理位置、出行线路等；国家安全信息包括地理坐标、地理标志物等。

（2）采集的驾驶员、约车人和乘客等信息及生成的相关业务数据，不应用于网络预约出租汽车服务之外的其他用途，不应出于商业目的出售、提供或转让给他人使用。

（3）应采取有效措施防止驾驶员、约车人和乘客等个人信息泄露、损毁、丢失。在发生或可能发生信息泄露、损毁、丢失时，应立即采取措施补救，告知相关信息主体，并按规定向有关部门报告。

（4）宜接受第三方信息安全审计，发布年度信息安全报告，接受社会监督。

### 5 其他要求

（1）应通过经营者网站和客户端应用程序对收费标准、服务价格进行明示。

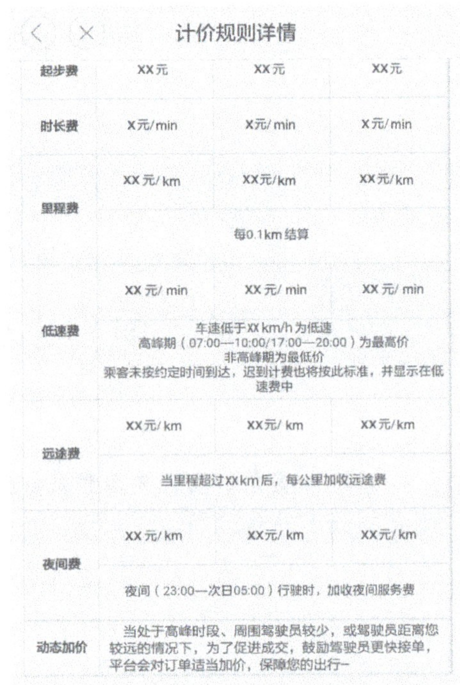

计价规则详情

| | | | |
|---|---|---|---|
| 起步费 | XX元 | XX元 | XX元 |
| 时长费 | X元/min | X元/ min | X元/ min |
| 里程费 | XX 元/ km | XX元/km | XX元/km |
| | 每0.1km 结算 | | |
| 低速费 | XX 元/ min | XX 元/ min | XX 元/ min |
| | 车速低于XX km/h 为低速<br>高峰期（07:00—10:00/17:00—20:00）为最高价<br>非高峰期为最低价<br>乘客未按约定时间到达，迟到计费也将按此标准，并显示在低速费中 | | |
| 远途费 | XX元/ km | XX元/ km | XX元/km |
| | 当里程超过XX km后，每公里加收远途费 | | |
| 夜间费 | XX 元/ km | XX元/ km | XX元/ km |
| | 夜间（23:00—次日05:00）行驶时，加收夜间服务费 | | |
| 动态加价 | 当处于高峰时段、周围驾驶员较少，或驾驶员距离您较远的情况下，为了促进成交，鼓励驾驶员更快接单，平台会对订单适当加价，保障您的出行– | | |

注：高速公路费、路桥费、停车费、其他费用按行驶过程中驾驶员实际垫付的费用收取。

（2）客户端应用程序应具备以下功能：

①车辆位置信息实时分享功能。经约车人或乘客确认后的他人可随时查看服务过程中的车辆动态位置信息。

②电话信息加密功能。能够实现对约车人或乘客个人电话号码等信息的保护。

③“一键呼叫”功能。乘客遇紧急情况使用时，能够实现车辆实时动态信息及驾驶员信息向经营者发送。

（3）应建立订单管理制度，制定派单规则，对预约成功率高、服务质量好的驾驶员，宜在订单分发时予以优先考虑。

（4）不应拒绝约车人提出的72h之内的

预约用车需求。

（5）不应将约车人或乘客对单次服务行为的评价结果直接反馈至驾驶员。

## 二 网约车平台公司服务流程要求

### 1 接受订单

接受约车人提交的订单，订单信息应包括但不限于：

（1）乘客用车时间。

（2）乘客上下车地点。

（3）乘客对车辆类型、驾驶员服务质量等级等提出的个性化需求。

（4）约车人或乘客联系方式。

### 2 订单分配

（1）对符合分发条件的车辆，应将订单信息推送至驾驶员终端。订单信息不应向处于载客状态的车辆推送。

（2）收到驾驶员接单信息，确认驾驶员接单行为有效后，应向驾驶员与约车人双方告知约车成功信息，并向约车人或乘客提供驾驶员姓名、照片、联系号码、服务评价结果以及完整车辆牌照等信息，对于乘客下车地点确定的，还应提供相应预估费用。

（3）无法满足约车需求的，应及时告知约车人。

### 3 订单取消或行程变更

车辆按约定到达上车地点前收到约车人取消订单信息的，应及时通知驾驶员取消行程。

乘客上车后行程发生变化的，费用按实际行程收取。

### 4 订单完成

（1）到达下车地点后，应通过手机短信或客户端应用程序告知本次用车服务费用。

（2）在乘客确认订单金额并完成支付后，应向乘客提供车辆许可地出租汽车发票，约车人、乘客另有要求的除外。

（3）对于实际费用明显超过预估价格

的宜主动核查，并将核查结果及时向约车人或乘客告知。

## 三 驾驶员运营要求

（1）网约车驾驶员业务素质与培训、服务仪容、服务用语和言行举止的要求与巡游车驾驶员的相关要求相同。

（2）应携带《网络预约出租汽车运输证》《网络预约出租汽车驾驶员证》等运营证件。

（3）应熟练使用预约服务驾驶员终端应用程序。

### 驾驶员终端应用程序使用

（1）注册：首先，驾驶员需要向网约车平台公司申报相关个人及车辆资料，待上传的资料成功通过审核后，由驾驶员自行下载手机App，并完成注册。此时，手机App上即可显示出驾驶员及网约车辆的相关信息。

（2）接单：进入App后，驾驶员点击下方“出车”按钮，即可进入“听单”模式，等待平台向驾驶员发送出车任务。驾驶员接到出车任务后，应立即根据App中显示的地图导航前往乘客指定的预约地，避免出现让乘客长时间等待的情况。

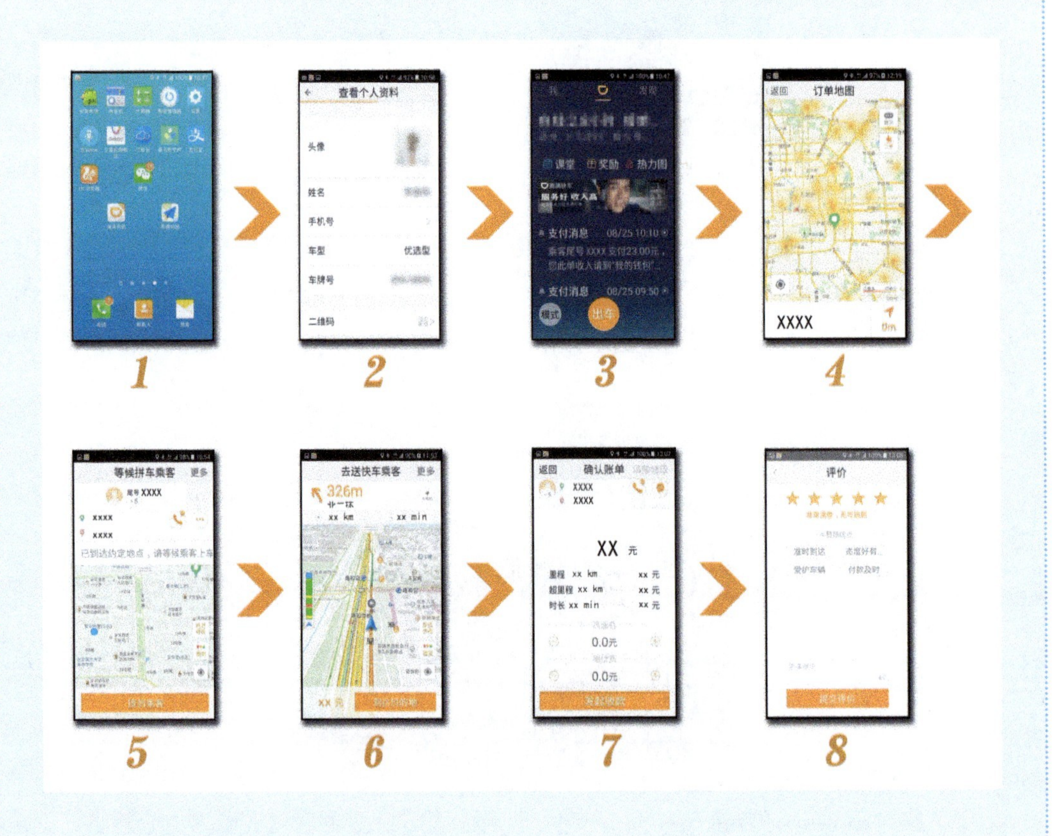

（3）运营：当驾驶员按照约定时间、地点接到乘客时，应点击App中“接到乘客”按钮，确认乘客已经上车并开始计费，由此进入运输阶段。在此阶段中，驾驶员可根据导航所指示的路径或乘客要求的路径前往目的地。

（4）到达：在乘客到达目的地后，驾驶员点击“到达目的地”按钮，App上便会显示本次约车的费用、里程、服务时长等信息，经乘客查看无误后，驾驶员可点击“发起收款”按钮，由乘客支付本次约车的费用。

（5）评价：乘客支付完成后，驾驶员需对乘客进行评价。在完成对乘客的评价之后，驾驶员点击“完成，继续听单”按钮，即可开始下一次约车服务。

## 四 车辆运营要求

（1）网约车车辆技术条件、车辆维护、检测、诊断、车辆污染物排放限值、车辆内饰材料、车容车貌要求与巡游车车辆的相关要求相同。

（2）车内设施配置及车辆性能指标应体现高品质服务、差异化经营的定位，宜提供互联网无线接入、手机充电器、纸巾、雨伞等供乘客使用。

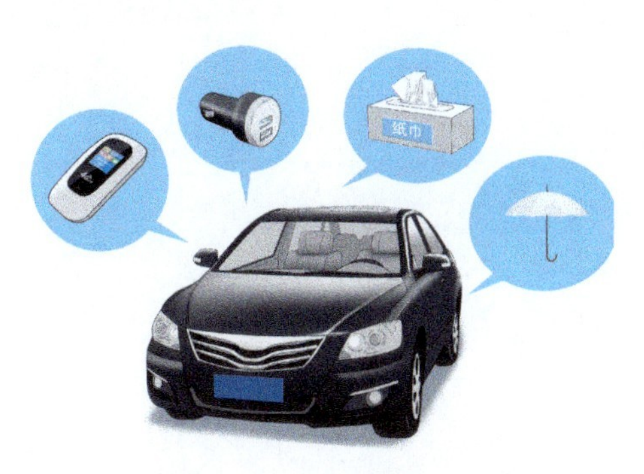


（3）应安装应急报警装置和具有行驶记录功能的车辆卫星定位装置，卫星定位装置应符合《道路运输车辆卫星定位系统车载终端技术要求》（JT/T 794）。

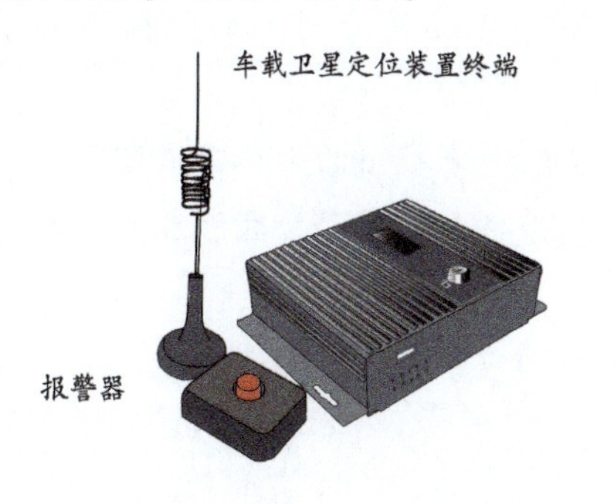


（4）不应在车内悬挂或者放置影响行车安全的设施设备。

（5）车辆标志应符合服务所在地出租汽车行政主管部门规定。

## 五 服务评价与投诉处理

### 1 基本要求

（1）网约车平台公司应保证订单日志、网上交易日志、行驶轨迹日志等原始记录以及乘客评价信息等服务质量统计数据和原始记录真实、准确。

（2）网约车平台公司应公开服务质量承诺，按规定设置服务监督与投诉处理机构，公布服务监督电话及其他投诉方式与处理流程。

（3）平台公司宜通过第三方服务质量评价，不断改进服务。

### 2 投诉处理

（1）约车人或乘客对服务质量、行车线路、用车费用等有疑问或不满的，可拨打经营者服务监督电话、出租汽车行政主管部门电话等方式进行咨询、投诉。

（2）对于出现骚扰、吸毒、超速等方面投诉的，经营者应暂停该驾驶员提供服务，认真调查核实。

（3）接到乘客咨询、投诉后，经营者应在24h内处理，5日内处理完毕，并将处理结果告知乘客。

### 3 服务评价指标

网约车服务评价指标见表4-1。

**网约车服务评价指标** 表4-1

| 序号 | 评价指标 |
| --- | --- |
| 1 | 预约响应率100% |
| 2 | 约车成功率大于或等于80% |
| 3 | 车辆相符率100% |
| 4 | 驾驶员相符率100% |
| 5 | 营运车辆保险购买合格率100% |
| 6 | 乘客有效投诉率小于0.002% |
| 7 | 乘客投诉处理率100% |
| 8 | 乘客服务评价不满意率小于20% |
| 9 | 第三方调查乘客满意率大于或等于80% |
| 10 | 车载卫星定位系统合格率大于或等于95% |
| 11 | 车容车貌合格率大于或等于95% |
| 12 | 驾驶员仪容和行为举止合格率大于或等于95% |
| 13 | 致人死亡同等责任及以上交通事故次数每百万车公里小于0.01人次 |
| 14 | 致人受伤同等责任及以上交通事故次数每百万车公里小于0.1人次 |
| 15 | 交通责任事故次数每万车公里小于0.05次 |
| 16 | 交通违法行为次数每万车公里小于0.2次 |

**小知识**

**网约车有关术语含义**

约车人：向网络服务平台发送预约用车请求的人，可以不是乘客本人。

即时用车服务：约车时间和车辆按约定到达上车地点时间的间隔不大于30min的网约车服务。

订单：约车人通过网络服务平台，向网约车经营者提出的用车需求信息。

派单：网约车经营者接到订单后，根据车辆条件和位置等，指派相应驾驶员和车辆提供网约车服务的行为。

抢单：网约车驾驶员接到网约车经营者推送的订单后，根据自身情况应答接单的行为。

甩客：运营途中，未经约车人或乘客同意，网约车驾驶员无正当理由擅自中断载客服务的行为。

乘客爽约：乘客未按约定乘坐预约车辆，且未提前告知网约车经营者或驾驶员的行为。

## 第二节 网络预约出租汽车运营服务流程

网约车服务流程是网约车驾驶员运营过程中的规范服务步骤，也是确保服务质量的一个重要环节。网约车基本服务流程分为运营准备、运营中、运营结束等三个部分。

### 一 基本服务流程

#### 1 运营准备

网约车驾驶员的运营准备工作步骤、内容与巡游车相同。

#### 2 运营中

（1）应在允许停车的地点等候订单，不应巡游揽客、站点候客。

（2）收到订单信息后，网约车平台公司采用派单机制的，应通过驾驶员终端确认接单；采用抢单机制的，可根据自身情况应答接单。注意：驾驶员使用终端查询或者应答业务的，应在不影响行车安全的状态下进行。

（3）约车成功后，应主动与约车人或乘客确认上车时间、地点等信息。对于即时用车服务，还应告知自身位置及预计到达时间。不应以不认识路或其他理由要求乘客取消订单。注意：在行车过程中不得接打和使用手机。

（4）根据订单信息，按约定时间到达上车地点，在允许停车路段候客，并主动与乘客联系，双方确认身份。未到约定上车地点时，不应提前确认车辆已到达。

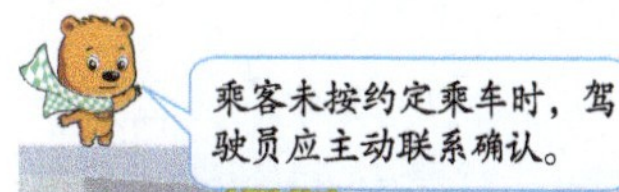

（5）乘客上车时，车辆应与道路平行靠边停靠，并引导乘客由右侧上车。主动协助老、幼、病、残、孕等乘客上下车。乘客上车时，车辆应与道路平行靠边停靠，并引导乘客由右侧上车。

（6）乘客携带行李时，应主动协助其将行李放入行李舱内。行李舱应由驾驶员开启和锁闭。

（7）乘客上车后，面向乘客主动问候，提醒并在必要时协助乘客系好安全带，并在开车前检查车门是否关严。

（8）乘客上车后，向网约车平台公司发送乘客上车确认信息，并提示可使用客户端应用程序中的车辆位置信息实时分享功能。

（9）确认乘客目的地后，根据网络服务平台规划线路或乘客意愿选择合理路线，不得绕路，不得中途甩客。遇交通堵塞、道路临时封闭等需改变原行驶路线时，需征得乘客同意。如果乘客不同意绕行而要求下车，应按实际里程收费，不得拒绝乘客下车或多收费。

（10）根据乘客意愿升降车窗玻璃、使用音响、视频和空调等相关服务设备。劝阻和制止乘客将身体伸出车外、乱扔废弃物、在车内吸烟等行为。

（11）因车辆或驾驶员原因造成车辆停驶时，应暂停计费。未经乘客同意，不得招揽他人同乘。

（12）应乘客要求停车等候时，未到约定时间不得擅自离开。

（13）出省、市、县境或夜间去偏僻地区时，宜按规定办理登记或相关手续。

**网约车驾驶员可拒绝提供服务的情形**

网约车驾驶员可拒绝提供出租汽车运营服务的情形有：

（1）乘客携带易燃、易爆、有毒有害、放射性、传染性等违禁物品乘车。

（2）醉酒者、精神病患者等在无人陪同或监护下乘车。

（3）乘客目的地超出省、市、县境或夜间去偏僻地区而不按规定办理登记或相关手续。

### 3 运营结束

（1）在允许停车路段按乘客目的地就近靠路边停车，终止计费。

（2）车辆应与道路平行靠边停靠，并引导乘客由右侧下车。雨天停车时，车门应避开积水区域。

（3）到达目的地后，主动向乘客提供相应的本地出租汽车发票，由集团用户统一开具及约车人、乘客另有要求的除外。

（4）乘客下车前，提醒乘客可使用客户端等，通过匿名打分和意见反馈等方式对本次服务行为进行评价。

（5）乘客下车时，提醒乘客开车门时注意安全、携带好随身物品，并主动协助乘客提取行李。检视车厢内物品，向乘客道别。

## 二 运营特殊情况处理

（1）车辆不能按时到达约定地点时，驾驶员应提前联系网约车平台公司，平台公司应致电约车人或乘客表示歉意并说明情况，并提供相应解决方案。

（2）乘客未按约定到达上车地点时，驾驶员应与乘客或网约车平台公司联系确认，等候时间可按照双方约定，超出约定等候时间乘客依然未到达，应与网约车平台公司联系，经同意后方可离去。

（3）乘客提出变更约定出发地点时，要确认地点信息，无法满足乘客要求时，向乘客做出合理解释，并告知网约车平台公司确认取消该次约车订单。

（4）乘客语言不通，无法确认目的地时，应帮助查询。乘客因醉酒等原因神志不清、无法明确去向时，应尽可能帮助查询或向公安部门求助。乘客身体不适时，应协助乘客拨打急救电话，视情采取相应急救措施。

（5）运营中遇道路与气候条件不佳、驾驶员身体不适、交通事故、车辆故障等特殊情况不能完成订单的，驾驶员应及时向网约车平台公司说明原因，并向乘客说明。

（6）乘客对服务不满意时，应虚心听取批评意见。被乘客误解时，应心平气和，耐心解释。

（7）发现乘客遗失财物，应主动联系约车人或乘客，设法及时归还。无法联系的，应及时联系网约车平台公司或有关部门处理。

（8）发现乘客遗留的可疑物品或危险物品时，应立即报警。

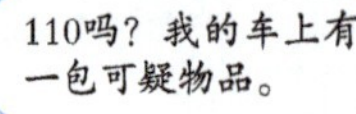

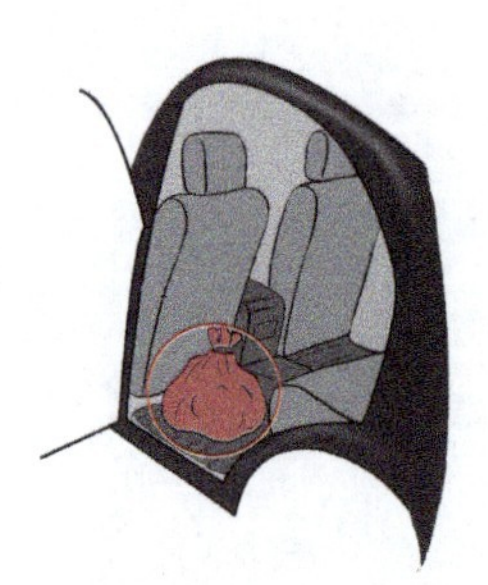

# 第三节 网络预约出租汽车驾驶员服务技巧与禁忌

乘客搭载网约车，唯一接触的就是驾驶员。驾驶员熟练地掌握服务技巧和服务禁忌，能够更好地满足乘客出行的需求，构建和谐的乘车氛围。

## 一 服务技巧

网约车驾驶员与乘客的沟通，是通过语言、行为（指面部表情、肢体动作等）将信息传递给乘客。恰当的语言、合适的举止，能给乘客愉悦的感受，增强互相理解和认同，减少不满和投诉。

### 1 面带微笑

微笑是表情中最能赋予人好感，增加友善和沟通，愉悦心情的表现方式。在不同场合、不同情况，均能用微笑来接纳对方，反映出驾驶员具有较高的修养，待人真诚。

驾驶员始终对乘客充满微笑，既能体现出其热情、修养、魅力，又能得到乘客的信任和尊重。另外，微笑可以使强硬者变得温柔，使对立转变为和解，是化解矛盾的有效手段。

驾驶员对乘客微笑表达时，需注意以下事项：

（1）不能在乘客已经坐下时，面部还没有一丝笑容。

（2）不能在乘客痛苦时微笑，以免给人幸灾乐祸的嫌疑。

（3）微笑不能生硬、虚伪、笑不由衷、皮笑肉不笑。

### 2 礼貌用语

日常的礼貌用语是服务用语的基础。日常的礼貌用语根据表达的意思不同，分为问候语、致谢语、道歉语、赞美语等。

驾驶员只有在平时养成使用礼貌用语的好习惯，才能在为乘客的服务中更好地运用礼貌服务用语（表4-2）。驾驶员注意用好“10字”礼貌用语，即“您好”“请”“谢谢”“对不起”“再见”，这是最基本的礼貌用语，也是语言礼仪、优质服务的基本要求。

网约车驾驶员服务用语　　表4-2

| 序号 | 中　文 | 英　文 | 序号 | 中　文 | 英　文 |
|---|---|---|---|---|---|
| 1 | 欢迎来××！ | Welcome to ××! | 8 | 请系好安全带 | Please fasten your seat belt |
| 2 | 早上好！ | Good morning! | 9 | 您需要打开空调吗？ | Would you like the airconditioning on? |
| 3 | 下午好！ | Good afternoon! | 10 | 您需要打开音响吗？ | Would you like to turn on the radio? |
| 4 | 晚上好！ | Good evening! | 11 | 请问您需要帮忙吗？ | Can I help you? |
| 5 | 您好，请上车 | Hello, please get in the car | 12 | 您需要等候吗？ | Do I need to wait for you? |
| 6 | 很高兴为您服务 | It's my pleasure to serve for you | 13 | 请记住我的车牌号 | Please remember my plate number |
| 7 | 请问您去哪儿？ | Where are you going, Sir. /Ms? | 14 | 我在这里（那里）停车等您 | I will stay here/there to wait for you |

续上表

| 序号 | 中文 | 英文 | 序号 | 中文 | 英文 |
|---|---|---|---|---|---|
| 15 | 请不要在车内吸烟 | Please don't smoke in the car | 21 | 请带齐您的行李 | Don't forget to take your luggage, please! |
| 16 | 对不起，这里不允许停车 | Sorry, no parking is allowed here | 22 | 请拿好自己的随身物品 | Please take all your belongings |
| 17 | 您的目的地到了 | Here we are | 23 | 这是我应该做的 | It's my pleasure |
| 18 | 请按计价器显示的金额付费 | Please pay by the taximeter | 24 | 欢迎再次乘坐 | You are welcome to take my taxi next time |
| 19 | 这是找给您的零钱 | Here is your change | 25 | 欢迎您多提意见 | Your comments are always welcome |
| 20 | 请拿好发票 | Keep the receipt, please | 26 | 谢谢，再见 | Thank you, goodbye |

驾驶员对乘客使用礼貌服务用语时，需注意以下事项：

（1）乘客上车时应主动先说“您好”，还可以加上称呼语，如“您好，先生”或“先生，您好”。如果乘客先向驾驶员打招呼说“您好”时，驾驶员应立即回敬说“您好”，同时伴以微笑和点头。

（2）多用“请”字，既包含着对乘客的关切，也可以表示对乘客的安抚，如“请小心”“请别忘了您的东西”“请不要在车里吸烟”“请稍候，马上就到”等。

（3）说“谢谢”时要表情自然，面带微笑地看着对方。“谢谢”两字的重音应在第一个字上，语速适中、语调柔和，节奏不能呆板。当乘客致谢后，应立即回答“不用谢”“不必客气”或以微笑作答，毫不在意、不予回答是不礼貌的行为。

（4）说“再见”时要面带微笑，亲切、自然地注视着乘客，声音不要太大或故意放慢、拖长声，可适当借助手势来表达，如摆手等。

**礼貌称谓**

称谓是对亲友、社会人员等相互之间关系的称呼。称谓要表现出尊敬、亲切和文雅，使双方易于沟通、缩短距离。人际交往，礼貌当先；与人交谈，称谓在先。

驾驶员对乘客通用的称谓主要有阁下、先生、女士、小姐，如“先生，欢迎您乘坐我公司网约车”。

### 3 认真倾听

认真听取对方的谈话，适度为其作出补充，收取关键信息并作出回应，这就是倾听。

驾驶员只有倾听才能了解乘客的真实意图，给乘客以受到尊重的感觉。驾驶员要面带微笑、关注乘客、思想集中、用心思考、认真对待，这就是倾听乘客的技巧。

驾驶员与乘客沟通时，注意以下几个方面：

（1）适当地眼神接触、必要地点头，认真听完乘客的陈述，在乘客讲话时不要随意插话、辩解、打断乘客说话，表示对乘客

的尊重。

（2）根据乘客说话的内容作出适当反应，可边微笑边点头地听，也可说“是”“嗯”“好的”等，表明用心在听。即使与乘客意见不同，也不能在表情和举止上流露出反感、藐视之意，最好婉转地表达自己的看法，不要直接提出否定的意见。

（3）无论乘客说出来的话语气多么严厉或不近人情，甚至粗暴，都要耐心、友善、认真地听取，表示对乘客的诚意。

**4 积极应答**

及时应答不仅是回答对方的提问，同时也是告诉对方你在仔细听，并确定你是否理解了对方的意思。

驾驶员积极应答乘客，既可以表达出对乘客的关注和尊重，也是对乘客需求的及时响应。驾驶员充耳不闻、沉默无语、应答滞后等，都会给乘客带来不愉快的感受，埋下冲突的隐患。

驾驶员与乘客沟通时，注意以下几个方面：

（1）应答时先用“是的”“好的”，以表示对乘客问询的回应，然后再根据乘客所问的具体问题进行回应。

（2）回答时要实事求是，避免夸张和不真实。遇到回答不了的问题，可以有礼貌地道歉。

（3）回答时，语调要温和亲切，语速稍慢一些，声音轻柔而清晰，这样乘客会感觉很舒服。说话的语气过重，就成了命令式口气，使乘客难以接受；说话的语速要根据不同对象、实际情况及时调整，如对老年乘客说话，语速要放慢，语调中表现出对长辈的尊敬。

## 二 服务禁忌

出租汽车驾驶员在运营过程中，会遇到各行各业、不同民族、不同国籍的乘客。驾驶员要懂得仪容、语言、举止等方面禁忌，就会避免投诉，更好地服务每一位乘客。

**1 仪容禁忌**

（1）衣服不能脏污，不能穿短裤、背心及袒胸装；衣扣、裤扣必须齐全扣好；穿西服时不能卷袖卷裤脚。女驾驶员不宜穿紧身裙和高跟鞋，更不能穿超短裙。

（2）口腔不能有异味，在出车前不要食用葱、蒜等食物；不能穿拖鞋或赤脚。

（3）男驾驶员不留盖耳长发，不剃光头，不蓄长须，不留胡茬；女驾驶员不留披肩散发，不浓妆艳抹。

**2 语言禁忌**

驾驶员与乘客交流时，除了禁用“喂”“哎”“嘿”“哼”等字外，还要注意某些语言忌讳，做到“五个不说”：

（1）有损害乘客自尊心和人格的话不说，如残疾、生理缺陷、隐痛等。

（2）埋怨乘客的话不说。

（3）顶撞、反驳、教训乘客的话不说。

（4）庸俗骂人的话及口头禅不说。

（5）刺激乘客、激化矛盾的话不说。

**3 举止禁忌**

（1）忌吃有异味、有碍服务的食物。对着乘客说话时，不能唾沫四溅。不要在乘客面前抓耳挠鼻。

（2）不要态度傲慢（如斜视或仰视）、趾高气扬地与乘客交谈。不宜高声辩论，更不能出言不逊。参与乘客间谈话时，要先打招呼，不要随便打断乘客间的谈话。

（3）做手势时动作不宜过大，更不要用手指着乘客讲话。与乘客保持适度的距离，距离过近或过远，都会使乘客不舒服或反感。

（4）不顾乘客讲话，左顾右盼、摸这摸那、看手表、发短信、打哈欠、伸懒腰等漫不经心的动作，均是不礼貌的行为。

小知识

**不文明的服务行为**

（1）在车内吸烟，食用有异味的食物。

（2）行车时接打电话。

（3）运营中，不尊重不同国家、地区和民族的宗教信仰。

（4）车上载有乘客时加注燃料。

（5）乘客之间交谈时随意插话，传播或听信谣言。

（6）在车内吃零食，向车外抛物、吐痰，在乘客面前做挖鼻孔、掏耳朵、剔牙等不文明行为。

（7）等候乘客时鸣喇叭催促。

（8）翻看或藏匿乘客放在车上的物品。

（9）目光紧盯乘客或目光停留乘客身上时间过长。

（10）向乘客强行或者盲目推销购物、饮食和休闲娱乐等项目。

### 4 民族、地域禁忌

不同国家、不同地区、不同民族，信仰和习俗也不相同，驾驶员有必要了解有关的礼仪和禁忌。

（1）忌问乘客隐私，如年龄、收入、婚姻状况、衣饰价格、汽车、房产以及宗教信仰和政治倾向等，不追问乘客不愿回答的其他私人生活的问题。

（2）忌用除大拇指以外的任何一个手指指向乘客，需要指示方向时也禁止使用单个手指，驾驶员讲到自己的时候不要用手指自己的鼻尖，要用手掌按在自己的胸口部位。

（3）禁止使用民间流传带有数字的“骂词”。

（4）西方国家人普遍认为“13”这个数字是凶险的，对“星期五”也认为是不吉利的，所以这两个数字也不宜使用。另外，有些西方人对自己的衣物及行装有随意放置的习惯，但忌讳别人乱动；西方的老人忌讳由别人搀扶着，他们认为这有失体面，是受轻视的表现。

## 三 网络预约出租汽车服务评价

### 1 服务评价基本要求

（1）经营者应保证订单日志、网上交易日志、行驶轨迹日志等原始记录以及乘客评价信息等服务质量统计数据和原始记录真实、准确。

（2）经营者应公开服务质量承诺，按规定设置服务监督与投诉处理机构，公布服务监督电话及其他投诉方式与处理流程。

（3）经营者宜通过第三方服务质量评价，不断改进服务。

### 2 服务评价指标

（1）预约响应率100%。

（2）约车成功率不小于80%。

（3）车辆相符率100%。

（4）驾驶员相符率100%。

（5）营运车辆保险购买合格率100%。

（6）乘客有效投诉率小于0.002%。

（7）乘客投诉处理率100%。

（8）乘客服务评价不满意率小于20%。

（9）第三方调查乘客满意率不小于80%。

（10）车载卫星定位系统合格率、车容车貌合格率、致人死亡同等责任及以上交通事故次数、致人受伤同等责任及以上交通事故次数、交通责任事故次数、交通违法行为次数指标及计算方法应符合《出租汽车运营服务规范》（GB/T 22485）的相关要求。

### 3 投诉处理

（1）约车人或乘客对服务质量、行车线路、用车费用等有疑问或不满的，可通过拨打经营者服务监督电话、出租汽车行政主管部门电话等方式进行咨询、投诉。

（2）对于出现骚扰、吸毒、超速等方面投诉的，经营者应暂停该驾驶员提供服务，认真调查核实。

（3）接到乘客咨询、投诉后，经营者应在24h内处理，5日内处理完毕，并将处理结果告知乘客。

## 四 服务纠纷处理

出租汽车服务纠纷，是指在运营服务过程中，由于驾驶员与乘客误解或一方语言、行为失当，导致另一方的利益或自尊受到损害，从而引起的意见分歧和冲突。调解矛盾纠纷时，出租汽车驾驶员要严以律己、宽以待人，本着互谅互让、求同存异的精神，启发诱导，以理服人，激发对方的自尊自重，才能消除矛盾、化解纠纷。

### 1 常见服务纠纷

根据纠纷性质及造成后果的严重程度，一般有严重服务纠纷（也可称为恶性服务事故）和轻微服务纠纷两种。两者是互为转化的，处理恰当可以大事化小，小事化了，反之则可能导致矛盾恶化。

严重服务纠纷常见的有如下几种。

（1）殴打乘客。驾驶员情绪失控，一言不合拳脚相加。

（2）颠簸伤人。驾驶员技术操作不当，车辆剧烈颠簸晃动造成乘客肢体受伤。

（3）车门夹人。驾驶员关闭车门时，照顾不周，夹伤乘客。

（4）毁坏物品。由于驾驶员的原因，造成乘客贵重物品损坏，乘客要求索赔。

轻微服务纠纷主要有如下几种。

（1）价格纠纷。双方因租价是否合理而引发的纠纷。

（2）乘车纠纷。双方因行驶路线，停车地点等问题而引发的纠纷。

（3）服务纠纷。因未满足乘客提出的某种要求引发的纠纷。

（4）语言纠纷。话不投机，双方语言

越来越带有刺激性或挑衅性引发的纠纷。

（5）磕碰纠纷。因车辆急停猛转，造成乘客身体或物品与车上设施碰撞引发的纠纷。

此外，由于出租汽车驾驶员与乘客之间在语言上的差异、视听上的错觉、理念上的误解等，也容易引发纠纷。

出租汽车议价　　语言纠纷　　毁坏物品

## 2 服务纠纷的预防

驾驶员在出现服务纠纷时，要采取积极的解决办法，化解纠纷。驾驶员不仅要做好事后的“灭火员”，还要做到事前的“消防员”，减少服务纠纷的发生，提高运营效益。预防纠纷注意把握如下3个要点。

（1）规范服务是保障。驾驶员在运营过程中，遵循服务的规范流程和标准，其实是对预防纠纷最好的保障。

（2）善于观察乘客，及时协调关系。乘客上车后，驾驶员不能只关注目的地，而忽略了乘客。要观察乘客，特别是一些特殊乘客。驾驶员要学会察言观色，对情绪不良的乘客做好小心谨慎的心理准备，对脾气不好的乘客和颜悦色，控制好自己的情绪，关键时刻可采取沉默措施，避免与乘客发生言语冲突。

（3）提前说明有可能产生异议的情况。驾驶员和乘客之间的服务纠纷的产生容易集中在路线选择、车费数额、服务态度、乘客特殊要求的满足等方面。针对这几个方面，驾驶员应该和乘客充分沟通，尊重乘客的知情权，将信息提前告知乘客。

## 3 服务纠纷基本处理步骤

（1）驾驶员先向乘客表示歉意。

（2）搁置争议，先解决乘客急需解决的问题。

（3）如乘客的要求违反了相关规定，从乘客的角度加以解释。

（4）确认乘客是否接受解决方案，必要时可以主动让利。

（5）驾驶员对乘客的配合或理解再次表示感谢。

## 4 严重服务纠纷处理方法

（1）端正思想，不强调客观。

（2）正视现实，诚恳道歉，在社会和行业中挽回影响。

（3）认真做好善后工作：受伤的负责医治，损坏的负责赔偿，尽量满足乘客合理的要求。

（4）虚心接受主管部门的批评、教育和处理。

（5）如需诉讼法律，应积极配合司法，实事求是，不做假证、伪证，服从司法部门的裁决。

## 5 轻微服务纠纷处理方法

（1）宽容大度。驾驶员适度让步，让乘客挽回面子。

（2）以理服人。在不能满足乘客的不合理要求的时候，要讲道理，说服对方。语气尽量温和委婉，让乘客乐于接受。

（3）尊重乘客。驾驶员要尊重乘客的意见和人格，不要固执己见。

（4）得理让人。使乘客摆脱尴尬的境地。

（5）求同存异。驾驶员和乘客双方可以心平气、求同存异，给各自留下回味反思的余地。

# 第五章 其他相关知识

本章主要介绍网约车安全检视、维护及常见故障处理、专用设施使用、信息安全等知识。驾驶员通过对本章的学习，能够掌握网约车安全检视内容、维护及常见故障处理方法以及信息安全等知识。

## 第一节 网络预约出租汽车安全检视

为保证网约车良好运行状况和技术性能，驾驶员要坚持“三检”，即在出车前、行车中和收车后，检查车辆的安全机构及各部件连接、紧固的情况。

### 一 出车前安全检视

出车前，驾驶员应按照以下步骤对表5-1中的内容进行车辆安全检视，具体步骤有如下7步。

车辆例行检查项目　　表5-1

| 序号 | 主要检查内容 |
| --- | --- |
| 1 | 轮胎气压及磨损是否正常，固定螺母是否缺失或松动 |
| 2 | 风窗玻璃是否完好 |
| 3 | 车灯和反光器、标志顶灯、外后视镜是否完好 |
| 4 | 发动机、底盘有无遗洒、泄漏 |
| 5 | 发动机舱内线束是否捆绑牢固，无软化现象 |
| 6 | 机油、润滑油、冷却液、转向助力液、风窗玻璃清洗液、制动液等油液液面情况，燃油管路是否正常 |
| 7 | 发动机传动带、风扇传动带是否松紧适度、无龟裂 |
| 8 | 蓄电池、高低压线路有无异常 |
| 9 | 仪表、转向盘自由行程、驻车制动器、变速器操纵装置是否正常 |
| 10 | 离合器踏板、制动踏板、加速踏板行程是否正常 |
| 11 | 安全带、内后视镜等安全设施及装置是否正常 |
| 12 | 车门、车内灯能否正常开启，前排座椅能否调节 |
| 13 | 三角警告牌是否携带，灭火器是否完好 |

续上表

| 序号 | 主要检查内容 |
| --- | --- |
| 14 | 发动机起动后各仪表及报警灯工作状况是否正常，发动机、底盘运转部件有无异响、异味 |
| 15 | 计价器是否正常 |
| 16 | 车载卫星定位装置、电召服务设备是否正常 |
| 17 | 音响、空调是否正常 |
| 18 | 灯光及控制装置、喇叭按钮功能是否正常 |
| 19 | 风窗玻璃刮水器和洗涤器工作情况是否正常 |

第1步：查看车辆维修情况。驾驶员先根据报修单对车辆维修部位进行检查，确保问题已经得到解决。

第2步：检查发动机舱内情况。先确认驻车制动器操纵杆处于拉紧状态，再打开发动机舱盖进行检查。主要检查风扇传动带情况及发动机润滑油、冷却液、制动液、风窗玻璃清洗液等是否充足，有无渗漏。

第3步：检查驾驶室内部情况。在起动发动机前，主要检查安全带、后视镜、转向盘、制动踏板、离合器踏板、加速踏板、驻车制动器操纵杆及车厢内座椅、车内灯等的情况；起动发动机后，主要检查仪表指示灯、车载卫星定位系统、车载终端、发动机等工作是否正常。

第4步：检查随车工具。主要检查灭火器、安全锥、危险警告标志、三角垫木、千斤顶、轮胎扳手等的情况。

第5步：检查车辆灯光、信号。主要检查前照灯、制动灯、转向灯、示廓灯、危险报警闪光灯等是否正常。检查灯光、信号装置时，可在同伴的配合下或者利用墙壁的反射进行确认。

第6步：检查车辆外观。从左前部开始绕车一周，主要检查车辆轮胎、制动管路、转向横直拉杆与球销、悬架、备胎、油箱及储气瓶（天然气汽车）等安全部件的情况。

第7步：检查车辆制动性能。完成车辆静止状态下的所有检查项目后，再对车辆的制动系统进行试车检查，方法为：起动发动机，使车辆以5km/h的速度直线行驶，然后采取紧急制动，检查车辆是否能够立即停止、是否出现跑偏、踩踏制动踏板的感觉是否有异常。

## 二 行驶中安全检视

行车中，驾驶员要注意查看仪表，察听发动机及底盘声音，并定期停车对车辆外部进行检视，发觉操纵困难、车身跳动或颤抖、机件有异响或有异常气味、冷却液温度异常时，及时解决和排除：行驶中发动机动力突然下降，应立即停车检查冷却液或润滑油量（冷却液温度高时不能打开水箱盖）；行驶中转向盘的操纵变得沉重并偏向一侧，应立即停车检查轮胎气压。

途中停车时，驾驶员应检查以下项目：

（1）检查冷却液和润滑油量，应无漏水、漏油现象，储气瓶（天然气汽车）应无漏气现象。

（2）检查轮胎外表无严重磨损、无异物，胎侧无割裂伤，胎压符合要求。

（3）检查车轮制动器，应无拖滞、发热现象，驻车制动器作用可靠。

（4）检查转向、制动装置和传动轴、轮胎、悬架等各连接部位，应牢固可靠。

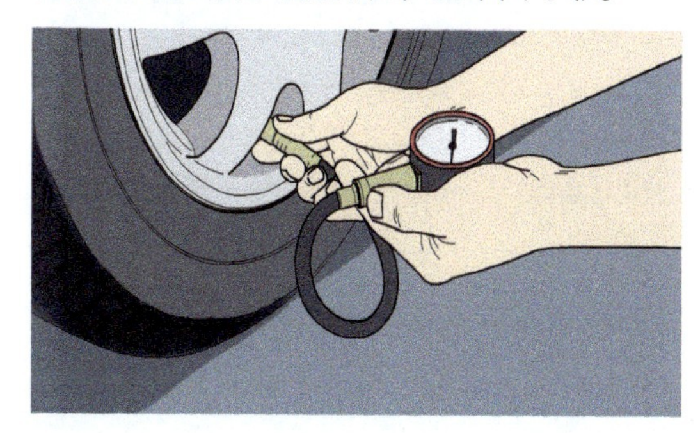

## 三 收车后安全检视

每天收车后，驾驶员必须结合当天车辆的运行情况对车辆进行清洁、检查，发现异常情况应及时去修理厂或填写报修单，由专业维修人员及时开展维修作业。主要安全检查项目如下：

（1）检查整车，应无漏油、漏水、漏气现象，视需要补充燃油、润滑油和冷却液。

（2）检查轮胎，气压应符合要求，胎间及表面无杂物。

（3）检查风扇等的传动带，应完好且松紧度合适。

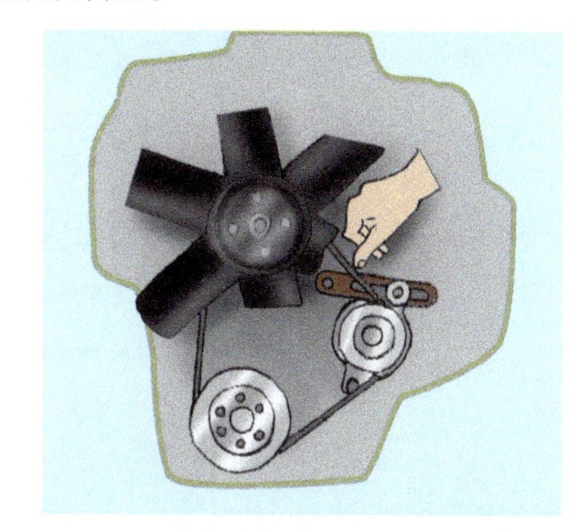

（4）检查轮胎螺母和半轴螺母，应无松动。

（5）打扫驾驶室，清洗底盘和清洁整车外表，同时查看各部位应无破损。

# 第二节 网络预约出租汽车维护及常见故障处理

网约车使用过程中，随着行驶里程的增加，某些零部件可能会松脱，润滑部件出现缺油和漏油等现象，甚至发生故障，严重时会影响车辆行车安全。因此，驾驶员需要学习并掌握车辆维护作业内容、要求及常见故障处理等知识。

## 一 车辆日常维护

日常维护是由驾驶员在每日出车前、行车中和收车后负责执行的车辆维护作业。日常维护是发挥车辆效率、减少行车事故、节约维修费用、降低能耗和延长车辆使用寿命的重要环节。

### 1 日常维护作业中心内容

日常维护的作业中心内容是清洁、补给和安全检查，包括：

（1）坚持“三检”，即在出车前、行车中和收车后，检查车辆的安全机构及各部件连接、紧固的情况。

（2）保持“六洁”，即保持发动机、润滑油、空气滤清器、燃油滤清器、蓄电池和储气瓶（天然气汽车）的清洁。

（3）防止“四漏”，即防止漏水、漏油、漏气和漏电。

（4）保持车容整洁。

### 2 日常维护方法

驾驶员对车辆部件进行日常维护的方法见表5-2。

车辆日常维护方法 表5-2

| 项目 | 维护方法 |
|---|---|
| 空气滤清器 | 取出滤芯，将尘土清除。注意不要用湿布擦拭滤芯，装复时要保持密封 |
| 刮水器和洗涤器 | 刮水片和风窗玻璃接触不良时，应及时更换。应经常保持储液罐中有足够的洗涤液，添加时注意使用符合要求的洗涤液，并防止杂质混入 |
| 蓄电池 | 检查蓄电池中电解液的液面高度，并保持蓄电池通气孔的畅通。电解液的液面过低时，应及时补充蒸馏水或补充液 |
| 冷却液 | 发动机的正常工作温度应保持在85～95℃之间。因此，须检查冷却液的液面高度是否在补偿水箱的上限和下限之间，添加时注意使用符合要求的冷却液 |
| 发动机润滑油（机油） | 发动机机油压力长时间过低时，应先通过机油尺检查机油量。拔出机油尺检查机油是否在上、下限之间（将车停放在平地上，在发动机起动前或熄火十几分钟后进行）。添加时，注意使用符合质量级别等要求的机油 |
| 风扇传动带 | 检查风扇传动带的挠度是否在10～15mm之间，否则应进行调整。如果传动带有损伤，应及时更换 |
| 灯光 | 检查各灯光装置是否完好、工作是否正常。如果有损坏，应及时更换；如果有脏污，应及时清洗 |
| 轮胎 | 检查轮胎气压是否符合标准（包括备胎），胎面是否有破裂、损伤和异物，胎面磨损是否超过极限，否则应及时补气或更换，清除胎纹间的异物 |
| 液压制动系统 | 检查制动液的液面是否在上限和下限之间。如果制动液明显减少，应检查制动系统是否有渗漏 |
| 转向系统 | 前轮处于直线行驶位置时，在转向盘的边缘处检查其自由行程是否过大。如果有异常，应进行检修 |

## 二 车辆定期维护

车辆定期维护主要是指交通运输主管部门针对道路运输车辆制定的车辆维护制度，即按照国家标准《汽车维护、检测、诊断技术规范》（GB/T 18344）的要求，对车辆进行一级维护和二级维护，具有强制性。

### 1 一级维护

车辆一级维护是一项运行性维护作业，以确保车辆的正常运行为目的。

车辆一级维护是由维修企业负责执行的维护作业。其作业中心内容除日常维护作业外，以清洁、润滑、紧固为作业中心内容，并检查有关制动、操纵等安全部件是否完好。

车辆一级维护的周期通常按照行驶里程或间隔时间来确定，一般为7500～10000km或者30日，具体按照《汽车维护、检测、诊断技术规范》（GB/T 18344）的要求来确定。并可根据车辆使用情况，在车辆进行一级维护时驾驶员要求增加相关的修理作业内容。

### 2 二级维护

车辆二级维护是以消除隐患为目的的性能恢复性作业，尤其是恢复达标的排放性能、安全性能。因此，保证车辆二级维护作业的全面性和彻底性很重要。

车辆二级维护是由维修企业负责执行的车辆维护作业。其作业中心内容除一级维护作业外，以检查和调整转向节、转向摇臂、制动蹄片、悬架等经过一定时间的使用容易磨损或变形的安全部件为主，并拆检轮胎，进行轮胎换位，检查调整发动机工作状况和排气污染控制装置等。

驾驶员应当依据国家有关标准和车辆维修手册、使用说明书等，结合车辆类别、车辆使用情况、行驶里程、道路条件、使用年限等因素，自行确定车辆的二级维护周期，确保车辆正常维护。网约车二级维护以行驶里程或间隔时间上限值为依据，一般为每4

万km或12个月，无须进行二级维护竣工质量检测。

在进行车辆二级维护的过程中，对驾驶员主要有以下要求：

（1）驾驶员将车辆送到维修企业后，需要向维修作业人员如实反映车辆的使用技术状况信息（包括车辆动力性、异响、转向性能、制动性能及燃、润料消耗等），帮助维修作业人员进行维修作业前的诊断、检测，确定附加作业项目。

（2）完成车辆二级维护作业后，驾驶员应取得维修企业签发的《机动车维修竣工出厂合格证》《机动车维修记录》，才允许驾驶车辆出厂。

车辆运行材料及易损件的更换周期可参考表5-3。

车辆运行材料及易损件的更换周期 表5-3

| 项目 | | 更换周期 | 注意事项 |
|---|---|---|---|
| 油液 | 机油 | 每6个月或者5000km（以先到者为准，下同） | 不同品牌机油不要混合使用 |
| | 冷却液 | 2年或者4万km | 更换新冷却液前，清洗发动机冷却系统 |
| | 制动液 | 2年或者4万km | 更换原厂规定型号，不要混合使用 |
| | 转向助力液 | 4万km | 更换时注意原厂型号，不可换错 |
| | 手动变速器油 | 4万km | 变速器冷却后，检查油面高度 |
| | 自动变速器油 | 6万km | 路况较好时，更换里程可延长至10万km |
| | 空调制冷剂 | 制冷效果差时，检查管路压力，必要时添加或更换制冷剂 | 长时间高压下工作，制冷剂会泄漏 |
| 滤清器 | 机油滤清器 | 6个月或者5000km | 与机油同时更换 |
| | 空气滤清器 | 6个月或者1万km | 滤芯内侧沾满灰尘或油污时，应立即更换 |
| | 汽油滤清器 | 1年或者1万km | — |
| | 空调滤清器 | 冬夏季节空调使用前 | 定期清洁或更换 |
| 易损件 | 火花塞 | 3万~5万km进行检查 | 火花塞有油污或积炭应及时清洗 |
| | 高压线 | 3万~5万km进行检查 | 随火花塞一起更换，直接点火的除外 |
| | 制动摩擦片 | 4万~6万km | 报警片发出刮擦的噪声时，应立即更换 |
| | 制动盘 | 10万km左右进行检查 | 必要时更换 |
| | 离合器片（从动盘） | 12万km左右 | 与压盘和分离轴承一起更换（离合器三件套） |
| | 球笼防尘罩 | 每次更换机油时检查 | — |
| | 刮水片 | 6~12个月 | — |
| | 正时链条 | 10万km进行检查 | 一般可终身免换 |
| | 正时带 | 6万km | — |
| | 发电机传动带 | 日常检查传动带松紧度及表面是否有龟裂现象 | 检查发电机传动带同时，检查发动机其他传动带 |

## 三 车辆常见故障处理

出租汽车故障是指汽车部件和电气设备部分或完全失去工作能力，致使车辆不能正常运行的现象。车辆发生故障后，应及时诊断排除，这对恢复汽车正常运行、降低消耗、提高运输效率有利，而且可延长汽车使用寿命。

### 1 发动机常见故障

发动机是汽车的心脏，为汽车提供行驶动力，发动机经常出现机油压力过高或过低、机油消耗过多、发动机工作温度过高等故障，驾驶员应及时停车，关闭发动机，进行诊断、处理。

#### 1 机油压力过高

（1）故障现象：

①发动机在正常工作温度和转速下，机油压力报警灯亮。

②发动机起动后，机油压力表显示压力剧增。

③发动机运转中，机油压力表显示值突然增高。

④有时机油压力表显示压力增高后，又突然降下来。

（2）处理方法：在行车中突然出现该故障，应尽快将车辆开至修理厂。如距修理厂较远，最好请求救援。

#### 2 机油压力过低

（1）故障现象：

①发动机在正常工作温度和转速下，油压表显示在报警线以下或机油压力报警灯亮。

②发动机起动后，机油压力表显示值迅速下降，甚至降至零。

③检查机油尺，机油被稀释，黏度下降，油面升高，带有浓厚的汽油味或水泡沫。

（2）处理方法：在行车中突然出现该故障，应停车检查机油量，按需补充机油。如故障未能消除，应尽快将车辆开至修理厂，如距修理厂较远，最好请求救援。

#### 3 机油消耗过多

（1）故障现象：

①机油消耗量逐渐增多，机油消耗率超过0.1～0.5L/100km。

②排气管冒蓝烟，且有焦煳味道。

（2）处理方法：检查发动机外部是否有机油泄漏，并请专业人员进行修理。

#### 4 发动机工作温度过高

（1）故障现象：

①车辆行驶过程中，冷却液温度表显示超过95℃，并继续升温，甚至冷却液沸腾。

②车辆行驶中，冷却液温度正常，停车后立即沸腾。

③冷却液温度表显示值接近100℃，但冷却液不沸腾。

（2）处理方法：

①在行车中突然出现该故障，应立即在安全路段（夏季选择阴凉处）停车，打开发动机舱盖，使发动机保持怠速运转进行降温，检查是否有漏水现象。

②待发动机温度明显降低后（也可观察冷却液温度表），用湿毛巾或湿棉纱布包住散热器盖，先拧松放气，然后再完全打开，此时脸部要避开加注口，以防热气喷出烫伤脸部。

③如果冷却液量不足，及时添加冷却液，并防止喷出；如果风扇传动带太松，调整传动带张紧度；其他原因应请专业人员修理。

### 2 底盘常见故障

汽车底盘常见的故障主要发生在离合器、变速器、制动系和转向系等部位。

#### 1 离合器分离不彻底

（1）故障现象：

①发动机怠速运转或行驶时，完全踩下离合器踏板，挂挡困难或根本挂不上挡，并伴随有齿轮撞击声。

②勉强挂入挡位后，未抬起离合器踏

板，汽车就起步或出现发动机熄火。

（2）处理方法：立即选择安全地方停车，检查离合器踏板自由行程，并进行调整。如故障未消除，不要盲目行驶，应尽快到修理厂处理。

**2 变速器挂挡困难**

（1）故障现象：变速器操纵杆不能或勉强挂入挡位，或者挂入后很难脱挡。

（2）处理方法：不要盲目行驶，应尽快到修理厂处理。

**3 变速器跳挡**

（1）故障现象：汽车以某一挡位行驶时，当抬起加速踏板或遇颠簸时，变速器操纵杆自行跳到空挡的位置。

（2）处理方法：不要盲目行驶，应尽快到修理厂处理。

**4 制动不良**

（1）故障现象：将制动踏板踩到底，车辆不能立即减速、停车。

（2）处理方法：不要盲目行驶，应立即在安全地方停车检查，如制动踏板自由行程或制动间隙过大，进行调整；如制动液的液面过低，进行添加；如制动管路破裂或接头松动漏油，及时更换损坏的管路或用备用堵头拧紧进气端口，并尽快到修理厂处理；其他原因，应停驶并向专业人员求助。

**5 转向沉重**

（1）故障现象：转动转向盘时，感觉沉重费力。

（2）处理方法：不要盲目行驶，应向专业人员求助。

**6 行驶跑偏**

（1）故障现象：车辆行驶中，不能保持直线方向，而自行偏向一侧。

（2）处理方法：立即在安全地方停车检查，如左、右轮胎气压不一致或异常磨损，及时给轮胎补气或更换磨损轮胎；其他原因应向专业人员求助。

### 3 电气设备常见故障

**1 蓄电池自行放电**

（1）故障现象：蓄电池停用一段时间或数天后，电能自行消失，无法使用。

（2）处理方法：检查蓄电池液面高度，电解液液面过低时，应添加蒸馏水或更换蓄电池。

**2 起动机不转动**

（1）故障现象：转动点火钥匙至“START”位置，能听到起动机电磁开关动作的声音，但起动机不转动。

（2）处理方法：检查蓄电池液面高度和电压。如果蓄电池正常，应向专业人员求助。

**3 发电机不充电**

（1）故障现象：充电指示灯亮或电流表指示放电。

（2）处理方法：检查发电机传动带是否过松或断裂。如果传动带正常，应向专业人员求助。

**4 前照灯一侧不亮**

（1）故障现象：打开前照灯开关，只有一侧灯亮。

（2）处理方法：检查前照灯熔断丝。如果熔断丝正常，需更换灯泡。

## 第三节 网络预约出租汽车节能与环保知识

近年来，我国石油资源日渐枯竭，已经成为石油进口大国，汽车保有量也呈井喷式增长，石油供需矛盾更加突出。大量消耗石油资源的同时，也加剧了大气环境污染，严

重威胁着人们的健康。节能和环保已经是我们无法回避的课题。出租汽车驾驶员作为车辆的使用者，必须要承担起节约能源、减少排放这个绿色责任。

## 一 出租汽车节能措施

影响汽车燃油消耗量的因素包括车型选择、汽车使用、汽车运行环境条件和驾驶习惯等，减少汽车燃油消耗量的措施主要有车型选择、运行材料的合理选用及汽车性能维护3个方面。

### 1 车型选择

新车选型或更新出租汽车时，应根据运营距离、道路条件及汽车燃料供应情况等条件，考虑安全性、动力性、经济性、通过性、可靠性与维修性等因素，合理选配车辆。

（1）在汽车动力性能相近的情况下，宜选择使用铝、铝合金、碳纤维材料等高强度轻质材料、整备质量低和车身流线型好的轿车。

（2）汽车排量越大，燃油消耗也相对越高，但动力性能也相对越好，在平原和丘陵地区运营宜选用1.6L排量的轿车，在山区运营宜选用排量略大一点的轿车。

（3）选择纯电动轿车或混合动力轿车。纯电动轿车和混合动力轿车都具有低噪声、低污染的优点，可有效地减少对石油资源的依赖，对环境保护十分有益。

（4）选择具有高压共轨、涡轮增压等技术的柴油机轿车，动力性能和燃油消耗量都比较理想。

（5）如果运营区域具备燃气供应条件，可选用压缩天然气（CNG）汽车、液化天然气（LNG）汽车等替代能源车辆，可以较大幅度地降低汽车排放污染。

### 2 运行材料的合理选用

#### 1 燃油的合理选用

驾驶员应根据发动机类型、当地气温条件等情况合理选用燃料：

（1）汽油牌号有90号、93号和97号等几种类型，驾驶员可根据车辆使用说明书推荐的汽油牌号来选择汽油。目前我国已在东部11省市完成了国Ⅴ标准的升级，汽油牌号由90号、93号97号三个牌号调整为89号、92号、95号、98号四个牌号，柴油牌号不变。以前加注国Ⅳ标准93号、97号汽油的，现在可以分别选择加注国Ⅴ标准的92号、95号汽油。

（2）柴油的牌号按照其冷凝点的高低来表示，包括0号、-10号、-20号、-35号、-50号等几种类型。驾驶员主要依据车辆行经地区风险率为10%的最低气温来选择柴油的牌号，一般以低于当地最低气温4～6℃为宜。例如：0号柴油适合于最低气温在4℃以上的地区，-10号柴油适合于最低气温在-5℃以上的地区。

（3）在燃油表显示还剩下不到1/4的燃油时再添加燃油，且每次加油至燃油表刻度的2/3～4/5为宜。

#### 2 机油的合理选用

驾驶员应根据发动机类型、道路条件、当地气温条件等合理选择机油，并根据车辆使用强度、车辆使用环境确定合理的机油更换周期，定期进行更换。

机油标号表示机油的黏度级别和质量级别如下：

（1）按照黏度级别划分，机油可分为冬季用单级机油（0W、5W、10W、15W、20W、25W，共6种）、夏季用单级机油（20、30、40、50，共4种）和多级机油（冬夏通用型，比如5W-20/30/40/50、10W-20/30/40/50、15W-20/30/40/50、20W-20/30/40/50，共16种）。发动机机油黏度级别标号及适用的环境温度见表5-4。

（2）按照质量级别划分，“S”开头系列代表汽油发动机用油，“C”开头系列代表柴油发动机用油，当“S”和“C”两个字母同时存在，则表示此机油为汽柴油发动机通用型。在S或C后面的字母表示机油的性能，例如：从“SA”一直到“SL”，每递增一个字母，机油的性能都会优于前一种。

**发动机机油黏度级别标号及适用的环境温度** 表5-4

| 机油类型 | 冬季用单级机油 | | | | | | 夏季用单级机油 | | | |
|---|---|---|---|---|---|---|---|---|---|---|
| | 0W | 5W | 10W | 15W | 20W | 25W | 20 | 30 | 40 | 50 |
| 适用的环境温度 | −35℃ | −30℃ | −25℃ | −20℃ | −15℃ | −10℃ | 20℃ | 30℃ | 40℃ | 50℃ |

| 机油类型 | 多级机油（部分） | | | | |
|---|---|---|---|---|---|
| | 5W−20 | 5W−30 | 10W−30 | 15 W−40 | 20 W−50 |
| 适用的环境温度 | −30～20℃ | −30～30℃ | −25～30℃ | −20～40℃ | −15～50℃ |

注："W"前面的数字越小，表明机油的黏度越低，流动性越好，可供使用的环境温度越低，在冷起动时对发动机的保护能力越好。"W−"后面的数字则表示机油的耐高温性能，数值越大表明机油在高温下的保护性能越好。

### 3 齿轮油的选用

齿轮油标号表示黏度级别。一般来说，气温低、负荷较小的条件下，可选用黏度较小的齿轮油；气温较高、负荷较大的条件下，可选用黏度较高的齿轮油。齿轮油黏度级别标号及适用的环境温度见表5-5。

**齿轮油黏度级别标号及适用的环境温度** 表5-5

| 适用的环境温度 | 不低于0℃ | 不低于−20℃ | 不低于−35℃ | 达到−45℃ |
|---|---|---|---|---|
| 合适的齿轮油黏度标号 | 90，85W/140 | 85W/90，85W/140 | 80W/90 | 75W |

注：重载车辆或行驶道路条件恶劣的车辆，应选用高一黏度标号的车辆齿轮油。

### 4 轮胎的合理选用

驾驶员应根据汽车经常性的载客情况、道路条件、行车速度等选择不同尺寸、花纹、负荷和速度等级的轮胎：

（1）子午线轮胎的结构特性使其比斜交轮胎有更多优点，应当优先选择。

（2）经常低速行驶的汽车适宜采用加深花纹或超深花纹轮胎，经常高速行驶的汽车不宜采用加深花纹和横向花纹的轮胎，防止轮胎过分生热造成早期损坏。

（3）轮胎承受的负荷值不能大于轮胎的额定负荷，轮胎速度级别不能低于所装配汽车的速度性能要求。

（4）在汽车的同一轴上应使用品牌、规格、花纹和磨损程度相同的轮胎，不得将斜交轮胎与子午线轮胎、有内胎轮胎与无内胎轮胎同车混装。

（5）转向轮轮胎的胎冠花纹深度应不小于3.2mm，其余轮胎胎冠花纹深度应不小于1.6mm，超过时应及时更换。

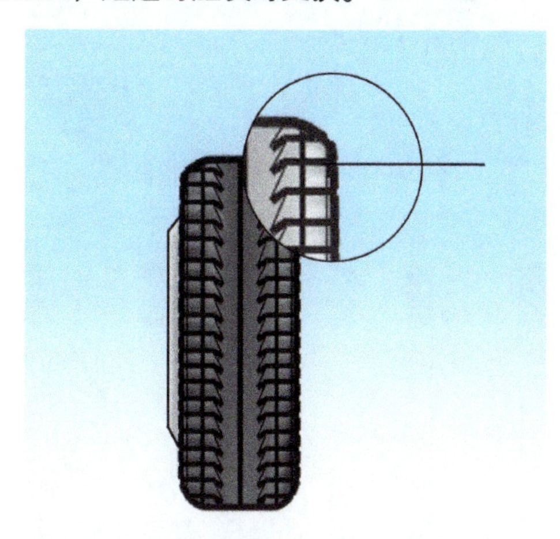

## 3 汽车性能维护

驾驶员应做好车辆的日常维护和定期维护，主要包括：

（1）及时更换空气滤清器、汽（柴）油滤清器、机油滤清器。

（2）检查发动机和变速器润滑油、转向助力液、制动液、冷却液、蓄电池液等是否充足，并及时进行补给，保证油液充足。

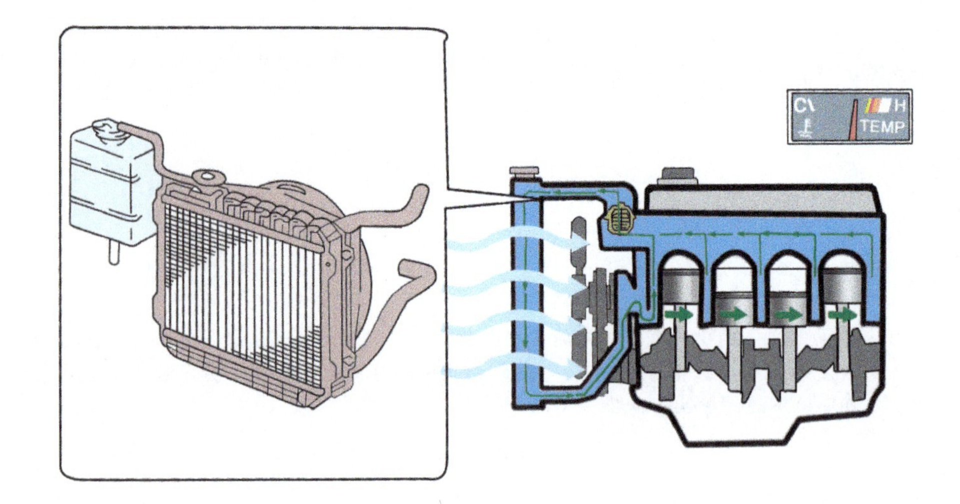


（3）经常性检查轮胎气压，保持轮胎气压正常。定期检查并校正车轮动平衡、定位参数，结合车辆定期维护对轮胎进行换位。轮胎换位时，应做好换位记录。

（4）检查转向、制动装置和传动轴、轮胎、钢板弹簧各连接部位是否牢固可靠，并及时加注润滑油脂。

## 二 出租汽车环保措施

汽车排放污染已成为世界的一大公害，由于汽车数量的不断增加，城市的汽车尾气排放、噪声污染，给环境和人民生活带来了极大的危害，严重危及人类健康，制约了城市交通的正常发展。

### 1 汽车主要污染物

#### ① 排放污染

汽车是大气的主要污染源之一，汽车排放的污染物主要有一氧化碳（CO）、氮氧化合物（$NO_x$）、碳氢化合物（HC）和颗粒物（PM）。

汽油机排放的主要污染物有CO、HC和$NO_x$。其中，HC和$NO_x$在阳光照射下，在大气中形成光化学烟雾，对人的眼睛和呼吸系统产生严重危害；$NO_x$还可以在大气中产生酸雨效应，导致人类出现“酸雨病症”。

柴油机排放的主要污染物是$NO_x$和PM，PM会危害人的眼睛和呼吸道。

汽油和柴油即使完全燃烧所产生的无毒气体二氧化碳（$CO_2$），也会导致温室效应，加剧全球变暖。

#### ② 噪声污染

道路交通噪声是城市环境噪声的主要组

成部分，占到城市噪声的75%左右。交通噪声主要来自行驶的机动车，其中以汽车噪声的影响最大，汽车噪声一般为60～90dB的中强度噪声。由于汽车产生的噪声污染，我国城市道路交通噪声平均等效声级达71.5dB，80%左右的交通干线两侧环境噪声均超过国家安全标准。

汽车噪声主要来自发动机噪声、排气噪声、轮胎噪声和喇叭声，此外还有车体振动和传动系噪声等。高于70dB的噪声会令人心情烦躁、疲倦等，从而引发头晕、失眠等病症。汽车噪声不仅会影响周边的环境，而且还会使驾驶员工作效率下降、反应时间延长，从而增加交通事故发生的可能性。

## 2 减少污染排放的措施

正确地维护车辆、合理地控制车速、养成良好的驾驶习惯，能够有效地降低汽车排放和噪声，减少空气和环境污染。

（1）例行检查整车。确保车辆保持良好的技术状况，减少车体的噪声和排放污染。

行车中要注意车辆异响。

（2）检查排气管。用手摸排气管的内部是否有积炭，以判断发动机工作是否良好。若发动机工作不正常，未完全燃烧的HC便会增加，并从排气管中排出，造成空气污染。

（3）检查供电系统的电线接头、输油管道或真空管道。检查电器和油管、气管接头是否松脱，滤清器是否过脏，皮带是否张紧和完好。空气滤清器过脏会使发动机油耗上升，排污增加；燃油滤清器阻塞或过脏，是导致车辆性能变差的主要原因之一。

滤芯太脏会增加油耗。

（4）检查发动机是否烧机油。如果有蓝色或蓝白色的烟雾从排气管内喷出，意味着燃烧室已烧机油，会污染空气，应及时检查排除。机油必须定期更换，最好使用能够节省燃料的多级机油，同时应定期更换机油滤清器芯。

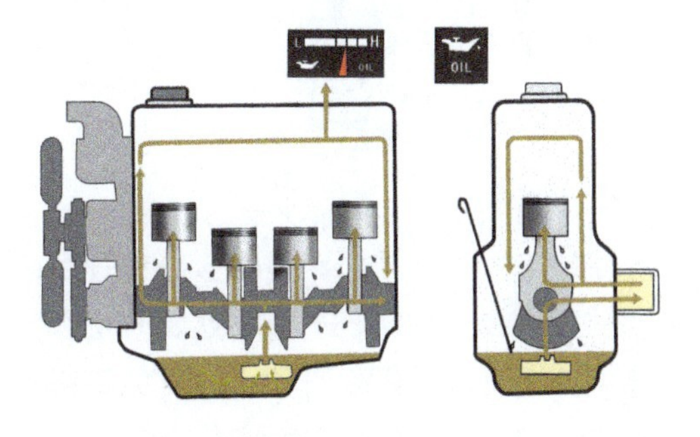

（5）检查泄漏情况。每天行车前做一次例行车辆检查，一旦发现车辆泄漏机油或液体，须尽快修理。如果汽油泄漏应立即修理，燃油气体对人体和环境都有很大的危害。

（6）检查轮胎气压和磨损情况。保持正常的胎压，可节省燃料，减少污染。

（7）按经济车速行驶。在市郊公路上行驶时，尽可能将车速保持在50～70km/h。

以此速度行驶，要比以30km/h的车速行驶时省油，排放的污染物也少。

（8）保持匀速行驶，在高速公路上以100km/h的车速匀速行驶，排放的污染物最少；行驶速度时快时慢，排放的污染物及油耗都会增加。

（9）注意踏下加速踏板的方式。踏下加速踏板的力度对排放和油耗有很大的影响，快速起步所排放的污染物比正常起步时多出20%。

（10）注意松抬加速踏板的方式。慢慢松抬加速踏板，让发动机有时间调整燃烧状态。急抬加速踏板太快会产生大量废气，车辆以80～100km/h的速度行驶时，突然松开加速踏板，发动机会吸入过多的燃油，造成燃烧不彻底。

（11）减少发动机空转和冷起动次数。发动机空转会排出大量的污染物，应尽量减少空转；在冷机状态下，发动机起动所消耗的燃料比热机状态下要多10倍，污染物排放量也很高。

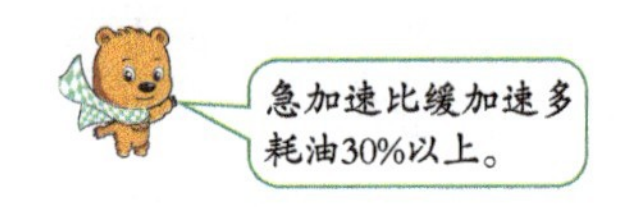

（12）尽量减少加注燃油的次数。因为加注燃油时，油箱内会有大量汽化的燃油进入空气。

（13）合理选用燃料、润滑油和轮胎。选用合适的燃料、润滑油和轮胎，会降低燃油消耗，减少对生态环境的污染。

（14）适时停机。需要较长时间停车时，关闭发动机，以节约燃油消耗，减少汽车噪声。

## 第四节 网络预约出租汽车交通事故处理

车辆发生交通事故，经常会给驾驶员、乘客和行人造成伤害，正确的处置方法和抢救措施，既可以减缓伤势扩大、避免不必要的伤亡，又利于事故迅速解决、恢复交通畅通。

### 一 交通事故处理原则

#### 1 立即停车

发生交通事故时，驾驶员要迅速停车，打开危险报警闪光灯，协助乘客下车至安全区域，并按规定放置三角警告标志，避免发生次生事故。

#### 2 合理处置

如果发生的是一般交通事故，即未造成人身伤亡或仅造成轻微财产损失，当事人对事实及成因无争议且车辆可以移动的，应当在确保安全的原则下，对现场拍照或者标画事故车辆现场位置后，立即撤离现场，尽快恢复交通，自行协商达成协议，填写道路交通事故损害赔偿协议书，并共同签名。若当事人对交通事故事实及成因有争议时，应保护好现场，然后立即报警，同时向所在企业报告事故情况。交通事故简易处理方法见表5-6。

**交通事故简易处理方法** 表5-6

| 事故现场处理 | 基本条件 |
| --- | --- |
| 事故当事人自行解决 | （1）交通事故未造成人员伤亡。<br>（2）当事人对事实及成因没有争议。<br>（3）当事人自愿自行协商处理损害赔偿事宜。<br>（4）当事人必须记录交通事故的相关信息，并共同签名后才可以撤离现场 |
| 公安机关交通管理部门使用简易程序处理 | （1）交通事故未造成人员伤亡，当事人对事实及成因有争议，不即行撤离现场或者自行撤离现场后，经协商未达成协议的。<br>（2）受伤人员认为自己伤情轻微，当事人对事实及成因无争议，但是对赔偿有争议 |

### 损害赔偿协议书

损害赔偿协议书内容包括事故发生的时间、地点、天气、当事人姓名、机动车驾驶证号、联系方式、机动车种类和号牌、保险凭证号、事故形态、碰撞部位、赔偿责任等内容。

如果发生较大交通事故，要注意保护好现场，并迅速报警。若有人员受伤，应立即拨打急救电话求援，在具备救治能力的前提下，视情况开展必要的抢救措施。因抢救受伤人员需要变动现场时，要标明位置。若有火灾隐患或危险品泄漏时，还应立即拨打122、120或119等报警、救援电话，说明事故情况、事故危害，并在现场采取一切可能的警示措施，积极配合有关部门进行处理。提示：有当事人故意破坏、伪造现场、毁灭证据的，当事人将承担全部责任。

### 3 报警须知

报警时，需要说明的有关信息主要包括：

（1）报警人的姓名、联系方式。

（2）发生道路交通事故时间、地点。

（3）人员伤亡情况。

（4）车辆类型、车辆牌号，是否载有危险物品及危险物品的种类等。

（5）涉嫌交通肇事逃逸的，还应当说明肇事车辆的车型、颜色、特征及其逃逸方向、逃逸驾驶员的体貌特征等有关信息。

## 二 交通事故处理程序

道路交通事故有下列情形之一的，应当立即报警并保护现场等候处理，不得驶离：

（1）造成人员死亡、受伤的。

（2）发生财产损失事故，当事人对事实或者成因有争议的，以及虽然对事实或者成因无争议，但协商损害赔偿未达成协议的。

（3）机动车无号牌、无检验合格标志、无保险标志的。

（4）载运爆炸物品、易燃易爆化学物品以及毒害性、放射性、腐蚀性、传染病病原体等危险物品车辆的。

（5）碰撞建筑物、公共设施或者其他设施的。

（6）驾驶员无有效机动车驾驶证的。

（7）驾驶员有饮酒、服用国家管制的精神药品或者麻醉药品嫌疑的。

（8）当事人不能自行移动车辆的。

根据《道路交通事故处理程序规定》（公安部令第146号）的相关规定，道路交通事故处理程序有6个过程：

（1）受理报案。公安交通管理部门接到当事人或其他人的报案之后，按照管辖范围予以立案。

（2）现场处置。公安交通管理部门受理案件后，应立即派员赶赴现场，抢救伤者和财产，勘查现场，收集证据。

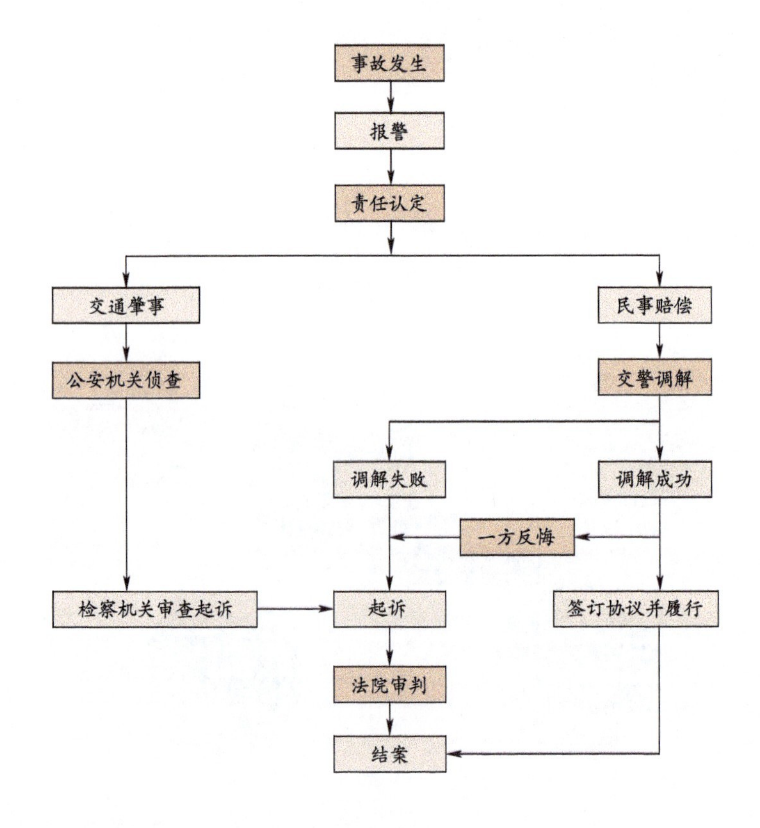

（3）责任认定。在查清交通事故事实的基础上，公安交通管理部门根据事故当事人的违章行为与交通事故的因果关系、作用大小等，对当事人的交通事故责任作出认定。

（4）裁决处罚。公安交通管理部门应依据有关规定，对肇事责任人予以警告、罚款、暂扣、吊销驾驶证或拘留的处罚。

（5）损害赔偿调解。对交通事故造成的人员伤亡及经济损失的赔偿，按照有关规定和赔偿标准，根据事故责任划分相应的赔偿比例，由公安交通管理部门召集双方当事人进行调解。双方同意达成协议，由事故调解人员制作并发出损害赔偿调解书。

（6）向法院起诉。如双方当事人在法定期限内调解无效，公安交通管理部门将终止调解，并发出调解终结书，由当事双方向法院提起民事诉讼。

## 第五节 机动车保险常识

机动车保险是指以机动车为保险标的的保险，保障包括机动车本身因自然灾害或意外事故导致的损失，及车主或其允许的合法驾驶员因使用机动车发生意外事故所负的赔偿责任。机动车保险分为交强险和商业险两类。

### 一 交强险

根据《机动车交通事故责任强制保险条例》（国务院令第618号）的规定，在道路上行驶的机动车的所有人或者管理人必须投保"机动车交通事故责任强制保险"（简称交强险）。

交强险是指由保险公司对被保险机动车发生交通事故造成本车人员、被保险人以外的受害人的人身伤亡、财产损失，在责任限额内予以赔偿的强制性责任保险。

#### 1 投保

交强险实行统一的保险条款和基础保险费率，保险期限为1年。

投保人在投保时应当选择具备从事机动车交强险业务资格的保险公司。投保人投保时，应当向保险公司如实告知如下重要事项：机动车的种类、厂牌型号、识别代码、牌照号码、使用性质和机动车所有人或者管理人的姓名（名称）、性别、年龄、住所、身份证或者驾驶证号码（组织机构代码）、续保前该机动车发生事故的情况以及银保监会规定的其他事项。

签订交强险合同时，投保人应当一次支付全部保险费；保险公司应当向投保人签发保险单、保险标志。保险单、保险标志上注明有保险单号码、车牌号码、保险期限、保险公司的名称、地址和理赔电话号码。被保险人应当在被保险机动车上放置保险标志。

#### 2 续保

交强险实行"奖优罚劣"的费率浮动机制。交强险费率浮动与被保险机动车发生道路交通事故的时间和频率相联系，见表5-7。

交强险费率浮动比例 表5-7

| 浮动因素 | 浮动比例（%） |
|---|---|
| 上1个年度未发生有责任道路交通事故 | -10 |
| 上2个年度未发生有责任道路交通事故 | -20 |
| 上3个及以上年度未发生有责任道路交通事故 | -30 |
| 上1个年度发生1次有责任不涉及死亡的道路交通事故 | 0 |
| 上1个年度发生2次及2次以上有责任道路交通事故 | 10 |
| 上1个年度发生有责任道路交通死亡事故 | 30 |

### 3 赔偿

被保险机动车发生交通事故造成本车人员、被保险人以外的受害人人身伤亡、财产损失的，由保险公司依法在交强险责任限额范围内予以赔偿。目前，交强险的有责任赔偿限额为122000元，无责任赔偿限额为12100元，各分项赔偿限额见表5-8。

交强险各分项的赔偿限额 表5-8

| 有责任赔偿限额名称 | 赔偿限额数额（元） | 无责任赔偿限额名称 | 赔偿限额数额（元） |
|---|---|---|---|
| 死亡伤残 | 110000 | 无责任死亡伤残 | 11000 |
| 医疗费用 | 10000 | 无责任医疗费用 | 1000 |
| 财产损失 | 2000 | 无责任财产损失 | 100 |

交通事故的损失是由受害人故意造成的，保险公司不予赔偿。有下列情形之一的，保险公司在交强险责任限额范围内垫付抢救费用，并有权向致害人追偿：

（1）驾驶员未取得驾驶资格或者醉酒驾驶的。

（2）被保险机动车被盗抢期间肇事的。

（3）被保险人故意制造交通事故的。

被保险机动车发生交通事故的，由被保险人向保险公司申请赔偿保险金。保险公司应当自收到被保险人提供的证明和资料之日起5日内，对是否属于保险责任作出核定，并将结果通知被保险人。对不属于保险责任的，应当书面说明理由；对属于保险责任的，在与被保险人达成赔偿保险金的协议后10日内，赔偿保险金。

## 二 商业险

除了必须投保的交强险外，机动车所有人或者管理人还可以投保机动车商业保险，以减轻交通事故或意外对人身、车辆和家庭经济造成的较大损失。商业保险种类很多，不同险种对应不同的保险范围，投保人可根据自身风险状况和经济实力综合考虑选择。

### 1 常见险种

机动车商业保险包括基本险和附加险，以及针对道路客运乘客的承运人责任险。

#### 1 基本险

基本险包括车辆损失保险和第三者责任保险。

车辆损失保险是指被保险人或其允许的合法驾驶员在使用被保险车辆过程中，保险单承担的危险发生，造成车辆本身损坏或毁灭，依法应由保险人负责赔偿责任。保险单承担的危险一般包括：碰撞、倾覆、坠落；火灾、爆炸、外界物体坠落；暴雨、洪水、暴风、雷击等。

第三者责任保险是指被保险人或其允许的合法驾驶员在使用被保险车辆过程中发生意外，致使第三者遭受人身伤亡或财产直接损毁，依法应由被保险人承担的损害赔偿责任。保险人依照保险合同的约定，对于超过

交强险赔偿限额的部分负责赔偿。

**2 附加险**

附加险是对基本险保险责任的补充，不能单独投保，必须投保相应基本险后才能投保。

附加险主要包括车上人员责任险、机动车盗抢险、车辆自燃损失险、玻璃单独破碎险、车身划痕损失险、新增设备损失险、发动机特别损失险、不计免赔率特约险等。

不计免赔率特约险是指交通事故发生后，按照对应投保的保险条款免赔率的规定，计算出应由被保险人自行承担的免赔金额部分，由保险人负责赔偿。

## 2 保险方案的选择

机动车保险是比较专业的业务，机动车所有人或者管理人不一定能完全细致地掌握。但可以了解一些与保险费相关的因素：

（1）车型、车价对保险费影响较大。

（2）投保的项目决定保险费高低。

（3）驾驶员的安全驾驶情况影响保险费的优惠幅度。

（4）机动车的使用方式会使保险费产生差别（主要是指营运车辆和非营运车辆）。

机动车所有人或者管理人可根据自身经济实力和实际需求进行投保，常见的机动车保险方案见表5-9。

**机动车保险方案** 表5-9

| 方案 | 属性 | 适用范围 |
|---|---|---|
| 最低保障方案 | 险种组合 | 交强险 |
| | 保障范围 | 只对第三者的损失负担基本赔偿责任 |
| | 适用对象 | 经济情况不好、驾驶技术非常熟练的人 |
| | 优点 | 费用低 |
| | 缺点 | 撞车或撞人，自己负担较重 |
| 基本保障方案 | 险种组合 | 交强险+车辆损失保险+第三者责任保险 |
| | 保障范围 | 只对第三者的损失和主要损失负担赔偿责任 |
| | 适用对象 | 经济实力不强的人 |
| | 优点 | 费用适度 |
| | 缺点 | 车上人员得不到保障，车辆损失保险和第三者责任保险都有免赔率 |
| 经济保障方案 | 险种组合 | 交强险+车辆损失保险+第三者责任保险+全车盗抢险+车上人员责任险+不计免赔率特约险 |
| | 保障范围 | 对大部分损失负担赔偿责任 |
| | 适用对象 | 精打细算的人 |
| | 优点 | 性价比较高 |
| | 缺点 | 车身划痕、新增设备不能保障 |
| 最佳保障方案 | 险种组合 | 交强险+车辆损失保险+第三者责任保险+全车盗抢险+车上人员责任险+玻璃单独破碎险+车身划痕损失险+不计免赔率特约险 |
| | 保障范围 | 对人员和车辆保障比较全面 |
| | 适用对象 | 新手或经济实力较强的人 |
| | 优点 | 费用较高 |
| | 缺点 | 车辆自燃、新增设备不能保障 |

### 3 承运人责任险

《管理办法》规定，网约车平台公司应当为乘客购买承运人责任险，充分保障乘客权益。

承运人责任险是由网约车平台为乘客投保的一种责任保险，保险时间一般为一年。网约车平台（承运人，即投保人）根据合同约定向保险公司支付保险费，在运营过程中发生交通事故或者其他意外，致使乘客（被保险人）人身伤亡或者直接经济损失时，依法由网约车平台对旅客承担的赔偿责任，由保险公司在保险责任限额内给予赔偿。

承运人责任险具有双重作用，既能对乘客的人身伤害和财产损失进行赔偿，又能使网约车平台的责任风险得以转嫁。

## 三 保险索赔

### 1 索赔流程

被保险机动车出险后，被保险人应按照出险通知、配合查勘、提出索赔、领取赔款、权益转让的流程，向保险公司索赔。

#### ① 出险通知

机动车出险后，被保险人应及时通知保险公司，否则保险公司不予赔偿。

被保险人报案时需要说明的内容包括保险单号码、被保险人姓名、车型、牌照号码、出险时间、出险地点、出险原因、事故类型、受损情况、报案人姓名、联系电话、驾驶员姓名。如果涉及第三方，还要说明第三方车辆的车型、牌照号码等信息。

#### ② 配合查勘

保险公司接到报案后，会派人到现场查勘。查勘人员通过拍照、记录等方式掌握第一手材料，这些材料将作为判断事故是否属于保险责任及计算赔偿金额的重要依据。因此，被保险人应积极协助查勘。

#### ③ 提出索赔

被保险人向保险公司索赔时，应向保险公司提供与确认事故性质、原因、损失程度等有关的证明和材料作为索赔证据。

#### ④ 领取赔款

保险公司确定赔偿金额后，会通知被保险人领取赔款，这时被保险人应提供身份证明。

#### ⑤ 权益转让

交通事故是由第三方引起的，保险公司可先向被保险人赔偿，但被保险人需要将向第三方索赔的权利转让给保险公司，再由保险公司向第三方追偿。

### 2 索赔注意事项

被保险人在索赔阶段，要注意避免一些错误做法，以免索赔受阻。

（1）没经过保险公司认可，不能擅自修复受损车辆。

（2）被保险人不要对第三方自行承诺赔偿金额。

（3）被保险人不要在保险公司赔偿前，放弃向第三方索赔的权利。

（4）被保险人索赔时要实事求是，不能有隐瞒事实、伪造单证、制造假案等行为。

### 3 索赔遭拒绝情况

被保险人买了保险，不等于任何损失保险公司都赔偿。有以下情况时，保险公司会拒绝赔偿：

（1）车辆没按期检测。

（2）车辆在收费停车场或营业性修理厂出险。

（3）驾驶证没按期审核。

（4）酒后肇事。

（5）被保险人、驾驶员及其家庭成员受害。

（6）车轮单独损坏。

（7）牵引无保险的车辆撞车。

（8）非被保险人允许的驾驶员使用被保险车辆肇事。

（9）利用被保险车辆从事违法活动。

# 第六节 伤员救护和乘客疾病应急处置

出租汽车在运营过程中，突发严重交通事故或乘客突发急症时，驾驶员应及时判断伤情或病情，采取合理有效的措施，减轻伤害、挽救生命。

## 一 交通事故现场伤员急救

### 1 伤员急救原则

#### ① 正确判断伤情

在事故现场发现伤员时，应先对伤员的处境和伤情进行全面检查和判断。例如：是否有重物压在伤员的身上，是否有异物插入伤员的体内，伤员是否出现昏迷、呼吸中断等症状，伤员是否出血、骨折等。

对于意识清醒的伤员，应询问哪里疼痛和不适，初步判断受伤部位和伤情，以便选择正确的急救方法；对于意识不清醒的伤员，应保持其呼吸道开放畅通，视情采取心肺复苏抢救措施。

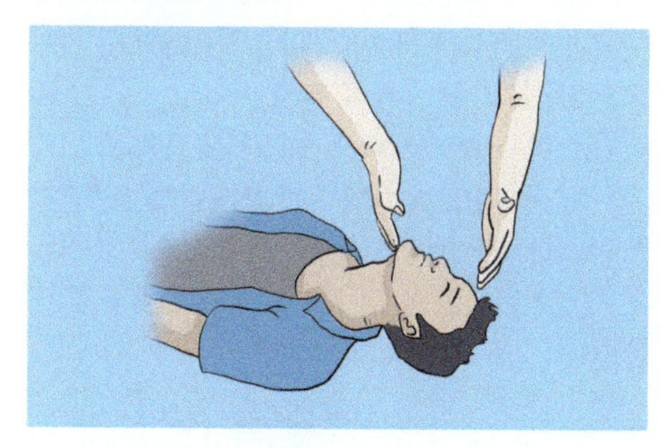

#### ② 科学施救，避免造成二次伤害

抢救人员要沉着、仔细，根据伤员的处境和伤情，科学实施救护。从车体中移出伤员时，动作要轻柔，尽可能移开压在伤员身上的物品，而不要强行拉拽伤员的肢体；不要随意拔出插入伤员体内的异物；正确搬运伤员，避免因搬运不当造成伤员的伤势加重。

#### ③ 选择安全的场所实施救护

尽快将伤员救离事故现场，尽量选择广场和空地等开阔区域，在救护车能够接近的安全地方和夜间有照明的地方实施抢救，不能在弯道、坡道或交叉路口等危险区域实施抢救。应尽可能用救护车运送伤员，使伤员平卧，减少运送途中的二次伤害。

#### ④ 先救命，后治伤

在等待专业救护人员赶赴事故现场时，应先抢救存在昏迷、休克、呼吸中断等症状的重伤员，再护理一般的伤员，对伤员进行伤口包扎、固定等处理。

### 2 对意识清醒伤员的救护

对于意识清醒的伤员，应在初步询问和判断伤情后，选择正确的搬运方法，将伤员搬离受损车辆或行车道，实施紧急救护。

搬运伤员时要根据伤情轻重和种类分别采取搀扶、背运和多人搬运等措施；对疑有脊柱、骨盆骨折等不宜站立行走者，宜多人水平搬运或用担架搬运；对有下肢骨折、内脏损伤者宜用担架搬运。

具体的搬运方法有：

（1）单人腋下平躺拖行。救援者弯腰下蹲，双手从伤员腋后插入腋下，钩住伤员腋窝，水平拖行。

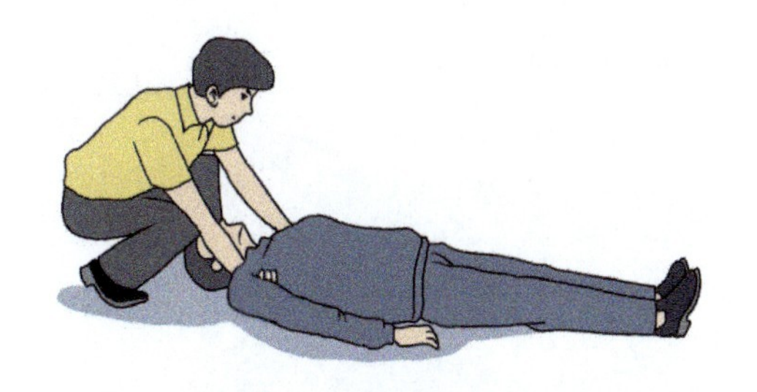

（2）单人抱持。救援者位于伤员一

侧，一手托住伤员的双腿，另一只手紧抱伤员腰部或肩部。

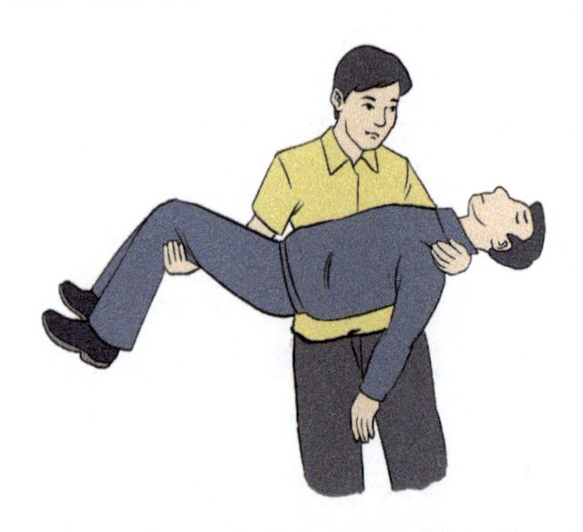

（3）多人平抬法。这种方法主要针对怀疑有颈椎损伤和脊柱损伤的伤员。具体办法是:一人抱伤员双肩和头部，一人托住伤员腰臀部，第三人托住双下肢，水平搬运伤员。怀疑有颈椎损伤时，最好有一人托住伤员头颈进行搬运。

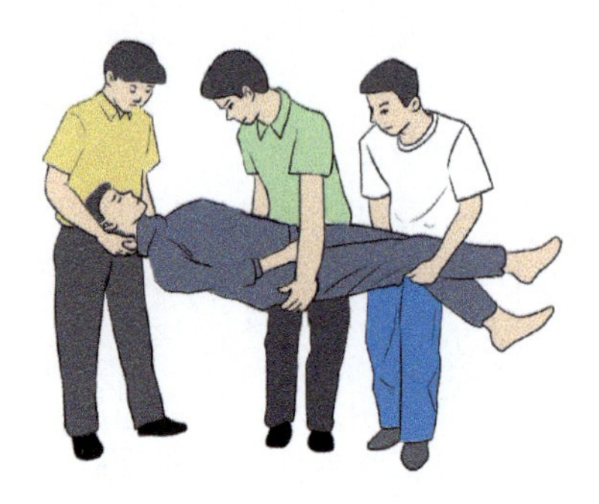

### 3 对无法言语、意识丧失和心跳、呼吸骤停伤员的抢救

对于这类伤员的基本抢救步骤如下：

#### 1 判断是否有意识

轻推、呼喊伤员，如对此刺激无反应，表明伤员意识丧失，应立即将伤员移动至侧卧位。救援者位于伤员一侧，并紧急高声呼叫其他救援者帮助。

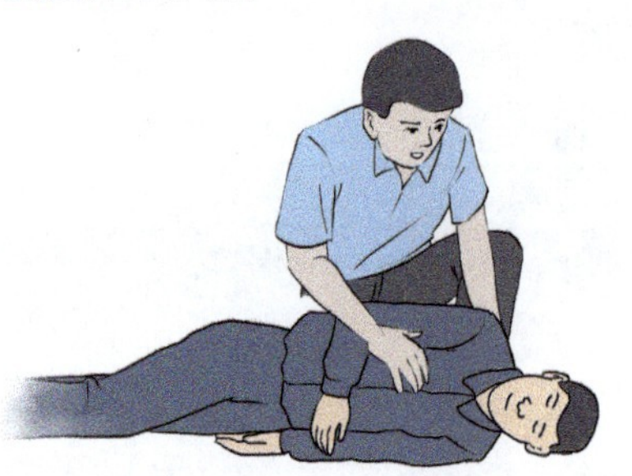

#### 2 保持呼吸道开放畅通

抬起伤员下颌，清理气道和口中可能存在的异物，保持其呼吸气道的开放、畅通，贴近伤员5s，判断有无呼吸。如果没有呼吸，应立即进行口对口人工呼吸，具体方法为：捏紧伤员鼻翼，包严嘴唇，用力连续吹气两次，每次2s。如果吹气后胸部起伏，说明气道通畅；如果无胸部起伏，说明气道没有开放，需要重新清理口腔和鼻腔内异物，抬高下颌，再次开放气道。

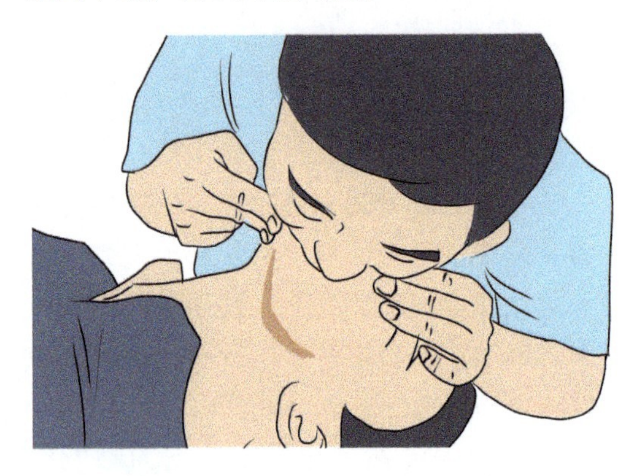

#### 3 实施胸外心脏按压

触摸伤员颈动脉，如果没有搏动，说明心脏跳动停止、循环停止，应立即进行胸外心脏按压。具体方法为：双手交叉重叠，用手掌根垂直向下施力，按压位于胸骨中下部1/3处部位，要求双臂伸直，每次下压胸部4～5cm后自然放松，但手掌不离开胸部，频率为每分钟100次，以每15次按压后加做2次口对口吹气作为1遍操作，连续做4遍或进行3～4min后，重新评估伤员呼吸、循环系统的状况。

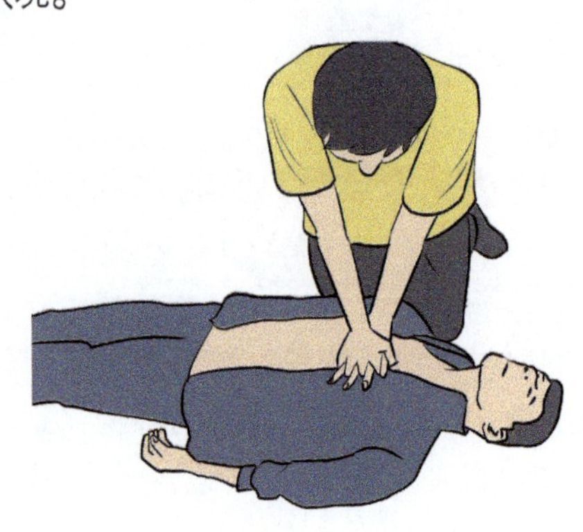

如果伤员心跳恢复，则停止操作，继续监测呼吸、脉搏，等待专业救援；如果仍旧没有恢复，则继续实施心肺复苏，每隔3～4min停止操作，监测其呼吸、循环系统状况一次，直到呼吸、循环系统功能恢复，在专业救援人员到达之前不要轻易放弃，也可以两人轮换对伤员进行心肺复苏，但是中断时间不要超过5s。心肺复苏成功后的治疗由专业医护人员进行。

#### 4 心肺复苏的中止条件

心肺复苏的中止条件有如下几种：

（1）伤员自主呼吸和脉搏恢复，复苏成功。

（2）专业救援人员到场接替。

（3）有医生到场宣布伤员死亡。

（4）救护人员经过长时间积极复苏，以致救援人员筋疲力尽，伤员仍无自主呼吸和脉搏恢复。

### 4 对开放性骨折伤员的处理

肢体的开放性骨折，表现为创面大量出血，伤员很快会因为出血而产生休克。救护时首先应进行止血和包扎（按活动性出血处理），然后针对不同的肢体部位进行相应的固定。救护时要注意：千万不要将骨折块还纳复位。

对上肢骨折的处理可用夹板或树枝固定，用三角巾悬吊绑缚，并检查末端血液循环的情况，以防肢体缺乏血液供应而坏死。

对下肢骨折的处理可采用加压包扎后用长夹板或木板固定，并检查肢体末端血液循环的情况，以防肢体缺乏血液供应而坏死。

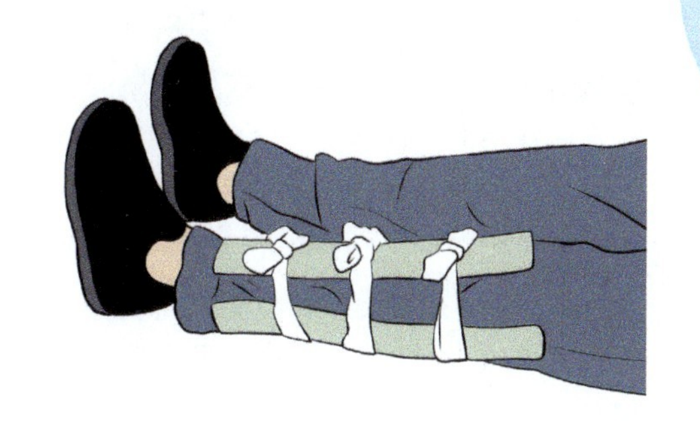

### 5 对脊柱、颈椎损伤伤员的救护

脊柱损伤常常造成伤员瘫痪，伤员会自感腰部疼痛或下肢神经减退。因此，救护时要使脊柱骨折伤员就地静卧，切忌脊柱弯曲或扭转，以免造成终身截瘫。

#### 1 脊柱损伤伤员的搬运

在运送脊柱损伤伤员时，应由3人站在伤员右侧，分别托住肩背部、臀腰部和双下肢，在1人口令下，协同将伤员搬至硬质担架上。

#### 2 颈椎骨折伤员的搬运

颈椎骨折伤员应由1人负责托住头部，保持伤员头与身体成一直线，其他人员在伤员左侧，分别托下肢、臀腰部和肩背部，在统一口令下协同将伤员搬至硬质担架上。严禁强行搬动头部。待伤员平躺到担架上后，用沙袋或折好的衣物放在颈的两侧加以固定。

### 6 对严重烧伤伤员的处理

应迅速扑灭严重烧伤者身上的明火，脱去燃烧的衣物，用冷水对燃烧部位进行喷洒，并让伤员适量饮用淡盐水，以防脱水休克。对烧伤创面应使用消毒纱布或清洁的被单覆盖(但是脸部宜暴露，不宜覆盖)，同时要注意防止创面再次污染。对烧伤的伤员，不要轻易使用粉剂、油膏等敷料，最好尽快将伤员转送至附近医院。

## 二 乘客突发疾病的应急处置

### 1 乘客突发急症的应急处置原则

出租汽车在运营中，驾驶员发现乘客身体异常，应该采取以下处置原则：

（1）立即靠边停车，摇下车窗，打开内侧车门，在乘客的意识清醒的情况下，问清病情，并将乘客用适合体位安放就地休息，不要移动。

（2）在对乘客的病情初步了解后，根据情况采取救助措施，也可寻求过往行人给予帮助，实施院前救助。对处于昏迷状态或病情较重的乘客，不得随意搬运、摇晃，避免病情加重。

（3）驾驶员要根据自己的能力采取适当的处置方法。具备急救能力的驾驶员，可采取有效的救护措施；不具备急救能力的驾驶员，不可盲目施救，要求救于专业救护人员。

### 2 常见突发急症的救助方法

#### ① 心梗

可采取含服硝酸甘油或亚硝酸异戊酯等药物救助；在找不着药物时也可以采取一些中医的办法，如指压内关穴、间使穴、人中穴等方法临时急救。

#### ② 脑卒中

乘客如果已经昏迷，可将其头部垫起20～30cm，避免头部充血。

#### ③ 休克

当乘客发生心脏骤停、面部发紫，处于休克状态时，要立即将乘客仰卧于地上，进行ABC心肺复苏急救（需要有专业救护能力），保持呼吸道通畅，直至专业急救人员到来。

#### ④ 癫痫

有癫痫病的乘客在发作前会出现肢体颤搐、出大汗等先兆。驾驶员应迅速解开乘客衣扣，清除口腔内异物，将手帕或木棍（筷子宽窄）置于乘客上下牙之间，以乘客防咬伤舌头。同时，用衣物或垫子等物保护好乘客的头部，防止创伤，不要试图按住正在发病的乘客，不要制止其抽搐。

#### ⑤ 糖尿病

糖尿病患者由于身体抵抗力稍差，容易在夏季或冬季温差较大时发病，尤其是低血糖昏迷患者，若发病时处置不及时，可能导致死亡。如果乘客出现晕厥先兆，应立即扶住乘客并将其平卧在空气流通处休息，将其双腿垫高30°，保障头部和心脏的供血。同时，适当松解病人的领带、腰带，检查病人的呼吸、脉搏情况。如果出现没有呼吸和脉搏的情况，应立即采取心肺复苏救助。

#### ⑥ 气道阻塞

乘客在车上吃东西，时常意外发生气道异物阻塞，且一旦发生，马上送医院抢救时间往往不够。因此，驾驶员掌握气道阻塞的应急处置，能及时抢救乘客生命。

（1）拍背法（需要有专业救护能力）：驾驶员站在乘客背后侧面，让其身体微向前倾，用一只手搂住其胸部，另一只手掌在其肩胛骨之间猛击4掌。

（2）哈姆立克法（海氏法）（需要有专业救护能力）：驾驶员从乘客背后，将双臂环抱置于乘客的腹部，一只手拇指关节突出顶住乘客上腹，另一只手握拳向上腹部连续冲击4～6次，可重复至异物吐出。

（3）儿童急救法（需要有专业救护能力）：将儿童上身前倾60°，俯卧于驾驶员的臂肘上，头部下垂，驾驶员再用手拍打其背部，借助重力，促使异物排出。

# 附录

# 巡游出租汽车相关知识

## 附录一 巡游出租汽车相关规定

《巡游出租汽车经营服务管理规定》是出租汽车行业管理的基本制度，规范巡游车经营服务行为，保障乘客、驾驶员和巡游车经营者的合法权益，促进行业健康发展而制定。

### 一 经营许可

（1）申请巡游车经营的，应当根据经营区域向相应的县级以上地方人民政府出租汽车行政主管部门提出申请，并符合下列条件：

①有符合国家、地方规定的巡游车技术条件的车辆并按照规定取得巡游车经营权，或者提供保证满足以上条件的车辆承诺书。

②有取得符合要求的从业资格证件的驾驶人员。

③有健全的经营管理制度、安全生产管理制度和服务质量保障制度。

④有固定的经营场所和停车场地。

（2）国家鼓励通过服务质量招投标方式配置巡游车经营权。县级以上地方人民政府出租汽车行政主管部门根据投标人提供的运营方案、服务质量状况或者服务质量承诺、车辆设备和安全保障措施等因素，择优配置巡游车经营权，向中标人发放车辆经营权证明，并与中标人签订经营协议。

（3）被许可人应当按照《巡游出租汽车经营行政许可决定书》和经营协议，投入符合规定数量、座位数、类型及等级、技术等级等要求的车辆。原许可机关核实符合要求后，为车辆核发《中华人民共和国道路运输证》。

投入运营的巡游车应当安装符合规定的计程计价设备、具有行驶记录功能的车辆卫星定位装置、应急报警装置，按照要求喷涂车身颜色和标识，设置有中英文“出租汽车”字样的顶灯和能显示空车、暂停运营、电召等运营状态的标志，按照规定在车辆醒目位置标明运价标准、乘客须知、经营者名称和服务监督电话。

（4）巡游车经营许可权的有关规定见附表1-1。

巡游车经营许可权的有关规定 附表1-1

| 情形 | 适用条件 | 备注 |
| --- | --- | --- |
| 经营权收回 | 因故不能继续经营 | 授予车辆经营权的出租汽车行政主管部门可优先收回 |
| 经营权变更 | 在车辆经营权有效期限内，需要变更车辆经营权经营主体 | 到原许可机关办理变更许可手续。审查后重新签订经营协议，经营期限为该车辆经营权的剩余期限 |
| 暂停或者终止经营 | 在车辆经营权期限内，需要变更许可事项或者暂停、终止经营 | 提前30日向原许可机关提出申请，依法办理相关手续。终止经营的，应当将相关的《道路运输经营许可证》和《道路运输证》等交回原许可机关 |
| 自动终止经营 | 取得经营许可后无正当理由超过180天不投入符合要求的车辆运营或者运营后连续180天以上停运 | 由原许可机关收回相应的巡游车经营权 |
| 继续经营 | 经营权到期后，巡游车经营者拟继续从事经营 | 在车辆经营权有效期届满60日前，向原许可机关提出申请。原许可机关根据经营者服务质量信誉考核等级，按相关规定处理 |

## 二 运营服务

（1）鼓励巡游车经营者使用节能环保车辆和可为残疾人提供服务的无障碍车辆。

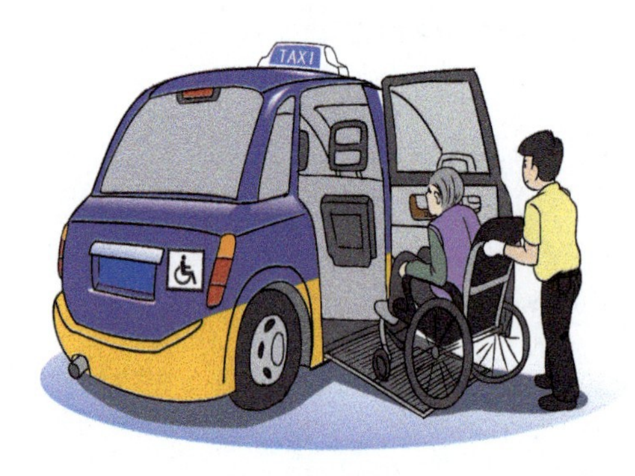


（2）在许可的经营区域内从事经营活动，超出许可的经营区域的，起讫点一端应当在许可的经营区域内。

（3）保证巡游车性能良好，按照《巡游出租汽车运营服务规范》（JT/T 1069—2016）运营服务。

（4）巡游车乘客应当遵守下列规定：

①不得携带易燃、易爆、有毒等危害公共安全的物品乘车。

②不得携带宠物和影响车内卫生的物品乘车。

③不得向驾驶员提出违反道路交通安全法规的要求。

④不得向车外抛洒物品，不得破坏车内设施设备。

⑤醉酒者或者精神病患者乘车的，应当有陪同（监护）人员。

⑥遵守电召服务规定，按照约定的时间和地点乘车。

⑦按照规定支付车费。

（5）乘客要求去偏僻地区或者夜间要求驶出城区的，驾驶员可以要求乘客随同到就近的有关部门办理验证登记手续；乘客不予配合的，驾驶员有权拒绝提供服务。

**乘客有权拒绝支付费用的情形**

依照《巡游出租汽车经营服务管理规定》，巡游车运营过程中有下列情形之一的，乘客有权拒绝支付费用：

（1）驾驶员不按照规定使用计程计价设备，或者计程计价设备发生故障时继续运营的。

（2）驾驶员不按照规定向乘客出具相应车费票据的。

（3）驾驶员因发生道路交通安全违法行为接受处理，不能将乘客及时送达目的地的。

（4）驾驶员拒绝按规定接受刷卡付费的。

## 三 法律责任

巡游车驾驶员有违反《巡游出租汽车经营服务管理规定》的行为，需要承担法律责任，接受相应的处罚，处罚标准见附表1-2。

**违规行为及处罚标准**　　附表1-2

| 序号 | 违规行为 | 处罚标准 |
|---|---|---|
| 1 | 未取得巡游车经营许可，擅自从事巡游车经营活动 | 由县级以上地方人民政府出租汽车行政主管部门责令改正，并处以5000元以上2万元以下罚款。构成犯罪的，依法追究刑事责任 |
| 2 | 起讫点均不在许可的经营区域从事巡游车经营活动 | |
| 3 | 使用未取得道路运输证的车辆，擅自从事巡游车经营活动 | |
| 4 | 使用失效、伪造、变造、被注销等无效道路运输证的车辆从事巡游车经营活动 | |
| 5 | 拒载、议价、途中甩客或者故意绕道行驶 | 由县级以上地方人民政府出租汽车行政主管部门责令改正，并处以200元以上2000元以下罚款 |
| 6 | 未经乘客同意搭载其他乘客 | |
| 7 | 不按照规定使用计程计价设备、违规收费 | |
| 8 | 不按照规定出具相应车费票据 | |
| 9 | 不按照规定携带道路运输证、从业资格证 | |
| 10 | 不按照规定使用巡游车相关设备 | |
| 11 | 接受巡游车电召任务后未履行约定 | |
| 12 | 不按照规定使用文明用语，车容车貌不符合要求 | |

续上表

| 序号 | 违规行为 | 处罚标准 |
| --- | --- | --- |
| 13 | 在机场、火车站、汽车客运站、港口、公共交通枢纽等客流集散地不服从调度私自揽客 | 由县级以上地方人民政府出租汽车行政主管部门责令改正，并处以500元以上2000元以下罚款 |
| 14 | 转让、倒卖、伪造巡游车相关票据 | |

# 附录二 巡游出租汽车运营服务标准

《巡游出租汽车运营服务规范》（JT/T 1069—2016）对巡游车和驾驶员的服务要求、安全运营作出了更细致的规定，体现了对巡游车运营服务的全过程、标准化、规范化服务要求。

## 一 车辆运营要求

### 1 基本要求

（1）车辆技术条件应符合国家标准《机动车运行安全技术条件》（GB 7258）的规定和出租汽车行业管理部门的相关要求。车辆维护、检测、诊断应符合国家标准《汽车维护、检测、诊断技术规范》（GB/T 18344）的规定。车辆污染物排放限值应符合国家标准《轻型汽车污染物排放限值及测量方法（中国第六阶段）》（GB 18352.6）的规定。

（2）车辆应取得当地公安部门核发的机动车牌照和行驶证，取得当地出租汽车行业管理部门核发的营运证件。

（3）车辆应按规定配置巡游车标志顶灯、运行状态标志、计程计价设备，以及具有行驶记录功能的车载卫星定位装置、安全防范设施和消防器材等。

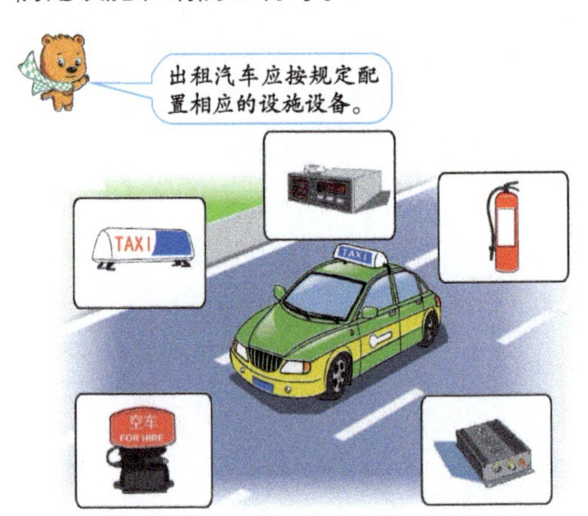


### 2 专用设施要求

（1）顶灯应与运营状态标志联动，夜间应有照明。顶灯应有中英文“出租汽车”字样。

（2）计程计价设备安装位置应方便乘客查看，数字显示清晰，发票打印清晰准确。

计量性能应符合《出租汽车计价器检定规程》（JJG 517）的规定。

（3）安全防范设施应具备防劫防盗、应急报警等功能，应急报警功能宜实现与车载卫星定位装置的联动。

（4）刷卡消费设备功能正常、有效，宜推广使用符合金融标准的非现金支付方式。

### 3 服务标志要求

（1）车身颜色及喷涂式样应符合当地出租汽车行政主管部门规定。

（2）运营状态标志应大小适宜、显示明亮、字迹清楚，易于乘客识别。

（3）经营者名称或简称、价格标准、服务监督电话和乘客须知信息等应在车厢内外显著位置明示。

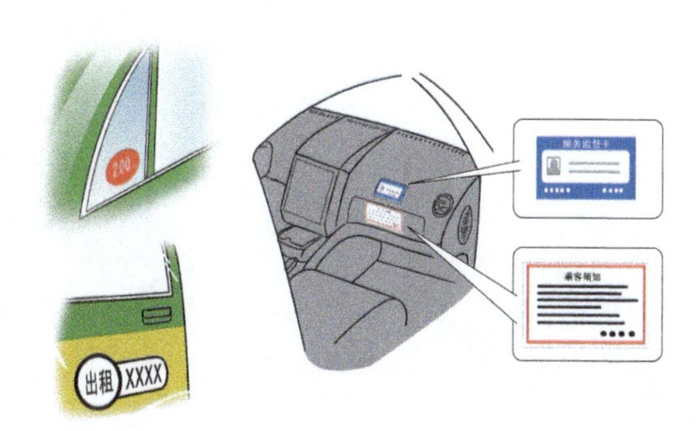


（4）《巡游出租汽车运输证》《巡游出租汽车驾驶员证》、服务监督卡（牌）、机动车检验合格标志、强制保险标志、车船税缴讫证、环保检验合格标志等，按规定要求携带、摆放、粘贴。

（5）无障碍出租汽车应设有专用标志。

无障碍标志

### 4 车容车貌要求

（1）车身外观整洁完好。

（2）车前后内外照明灯齐全，功能完好。

（3）轮胎盖齐全完好。

（4）车门功能正常。车窗玻璃密闭良好，洁净明亮、无遮蔽物，升降功能有效。玻璃刮水器功能完好。

车门开闭正常

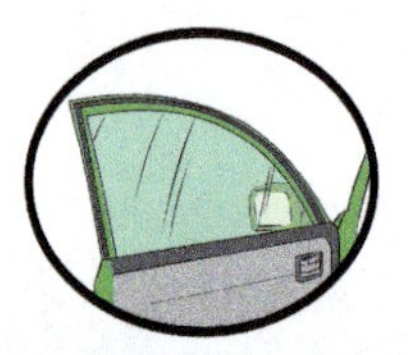
车窗密封良好

车窗清洁明亮

玻璃升降顺畅

刮水器功能完好

（5）车厢内整洁、卫生，无杂物、异味。

（6）仪表完好。仪表台、后风窗窗台不放置与运营无关的物品。

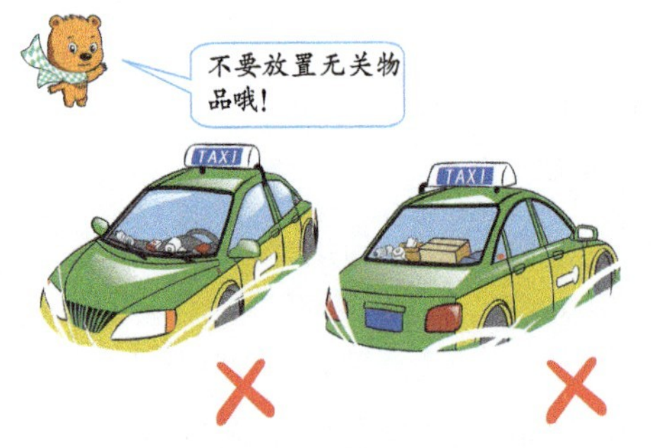


（7）遮阳板、化妆镜、顶棚齐全完好。

（8）座椅牢固无塌陷。前排座椅可前后移动，靠背倾度可调。安全带和锁扣齐全、有效。

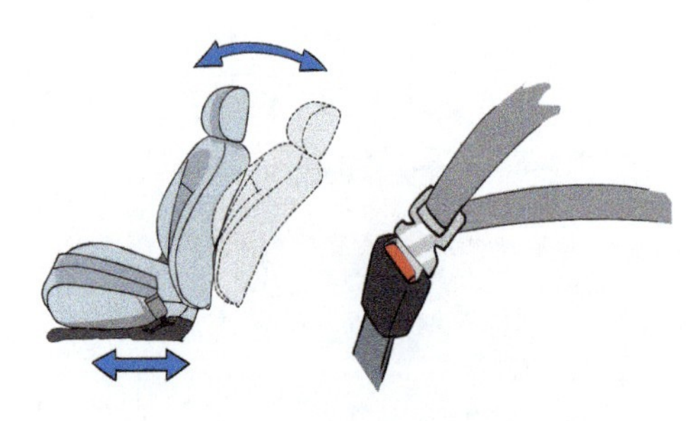

（9）座套、头枕套、脚垫齐全、整洁。

（10）行李舱整洁，照明有效，开启装置完好。行李舱内可供乘客放置行李物品的空间不少于行李舱的2/3。

（11）按规定张贴和涂装广告，不遮挡服务标识。车厢视频设备可按乘客意愿开关。

## 二 驾驶员运营要求

### 1 业务素质与培训要求

（1）经过从业资格培训，取得从业资格证件。

从业资格培训

（2）遵守国家法律、法规和运营服务规范。

（3）熟知运营区域的交通地理、地方特色等知识。

（4）掌握基本的机动车维修知识。

（5）掌握基本的医疗急救知识。

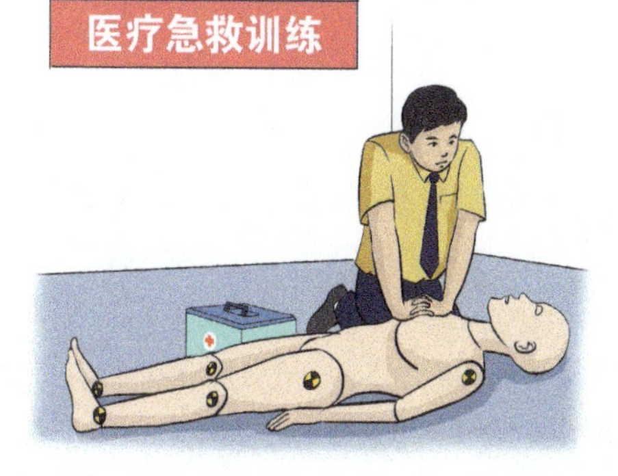


（6）尊重乘客的宗教信仰和风俗习惯。

## 2 服务仪容要求

（1）精神饱满、举止文明、礼貌待客。

（2）按规定着装，正确佩戴服务标志。

（3）运营前和运营过程中忌食有异味的食物。

## 3 服务用语和言行举止要求

（1）提倡使用普通话。可根据乘客需求，使用地方方言或外语。

（2）服务用语应规范准确，文明礼貌。服务时语气平和、表达清楚、声量适度、语速适中。

（3）不得在乘客面前有不文明行为和语言。

（4）热情、耐心回答乘客问题。乘客间交谈时，忌随便插话。

（5）不得在车厢内吸烟。不得向车外抛物、吐痰。

## 三 电召服务要求

（1）宜提供24h不间断电召预约服务。

（2）通过电信方式开展电召服务的，宜使用95128出租汽车约车服务号码。

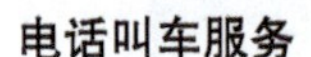
电话叫车服务

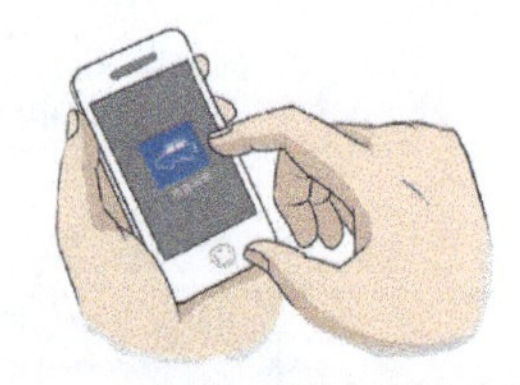

手机软件召车服务

（3）应及时发布乘客服务需求信息，驾驶员可根据自身情况确定是否提供相应服务。

（4）收取电召服务费应符合当地出租汽车运价管理相关规定。

（5）电召服务信息应进行全程记录，并根据当地出租汽车行政主管部门的具体要求提供电召服务信息。

## 四 服务评价与投诉处理

巡游车服务评价是保证巡游车驾驶员服务质量的重要举措，服务评价结果可作为企业和行业改进服务质量的重要依据。

### 1 基本要求

（1）经营者和驾驶员应保证服务质量统计数据和原始记录真实、准确，并接受出租汽车行政主管部门的服务质量信誉考核。

（2）经营者应自觉接受社会监督，按规定设置服务监督机构、公布服务监督电话。接到乘客投诉后，应在24h内处理，10日内处理完毕，并将处理结果告知乘客。

（3）经营者应定期开展服务质量评价，并不断改进服务。

### 2 服务评价指标

巡游车服务评价指标见附表1-3。

**巡游车服务评价指标** 附表1-3

| 序号 | 评价指标 |
| --- | --- |
| 1 | 车辆服务标志设置合格率100% |
| 2 | 顶灯、计程计价设备合格率100% |
| 3 | 消防器材合格率100% |
| 4 | 车载卫星定位系统合格率大于或等于95% |
| 5 | 车容车貌合格率大于或等于95% |
| 6 | 驾驶员从业资格证件拥有率100% |
| 7 | 驾驶员仪容和行为举止合格率大于或等于95% |
| 8 | 致人死亡且负同等以上责任的道路交通事故每百万车公里小于0.01人次 |
| 9 | 致人受伤且负同等以上责任的道路交通事故每百万车公里小于0.1人次 |
| 10 | 道路交通责任事故每万车公里小于0.05次 |
| 11 | 道路交通安全违法行为每万车公里小于0.2次 |
| 12 | 乘客有效投诉率小于0.002% |
| 13 | 乘客投诉处理率100% |
| 14 | 乘客满意率大于或等于80% |

**巡游车有关术语含义**

待租：巡游车可提供载客服务的状态，运营标志显示“空车”字样。

暂停运营：巡游车不提供载客服务的状态，运营标志显示“暂停”字样。

议价：巡游车驾驶员与乘客协商确定车费的行为。

拒载：在道路上空车待租状态下，巡游车驾驶员在得知乘客动向后，拒绝提供服务的行为；或者巡游车驾驶员未按承诺提供电召服务的行为。

电召服务：根据乘客通过电信、互联网等方式提出的服务需求，按照约定时间和地点提供巡游出租汽车运营服务。

# 附录三 巡游出租汽车运营服务流程

巡游车服务流程是巡游车驾驶员运营过程中的规范服务步骤，也是确保服务质量的一个重要环节。巡游车基本服务流程分为运营准备、运营中、运营结束、暂停服务等四个部分。

## 一 基本服务流程

### 1 运营准备

（1）检查车容车貌。

（2）检查车辆技术状况及计程计价设

备、车载卫星定位装置是否正常，并备好随车设施、工具。设备发生故障时，应送检报修，不得继续运营。

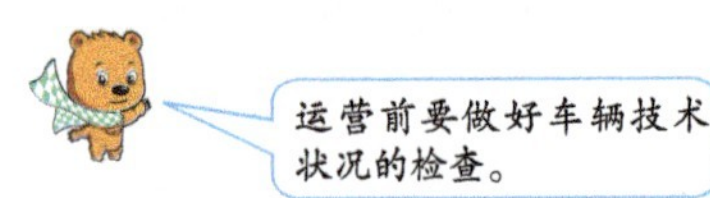

（3）检查机动车行驶证、车辆运营证以及服务质量监督卡等随车证件。

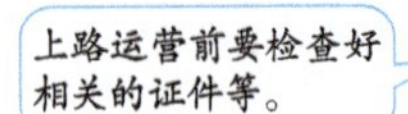

（4）备齐发票、备足零钱。

（5）检查车辆燃油或燃气、电能使用情况，必要时予以补充。

## 2 运营中

（1）应在允许停车路段或服务站点停车载客。

（2）在机场、火车站等设立统一出租汽车调度服务站点或实行排队候客的场所，驾驶员应服从调度指挥，按顺序排队候客。注意：不得通过电召方式在排队候车区揽客。

（3）乘客上车前，不得询问乘客目的地。

（4）乘客上车时，车辆应与道路平行靠边停靠，并引导乘客由右侧上车。主动协助

老、幼、病、残、孕等乘客上下车。

（5）乘客携带行李时，应主动协助其将行李放入行李舱内。行李舱应由驾驶员开启和锁闭。

（6）乘客上车后，面向乘客主动问候，提醒并在必要时协助乘客系好安全带，并在开车前检查车门是否关严。

（7）问清或核实乘客目的地，选择合理路线，按规定使用计程计价设备。如果乘客不知目的地的详细地址时，应主动热情地帮助查找。如果需加收空驶费、过路费和过桥费，应事先向乘客说明情况，使乘客心中有数。除包车服务外，不得议价。

（8）遇到交通堵塞、道路临时封闭等需改变原行驶路线时，需要征得乘客同意。如果乘客不同意绕行而要求下车，应按实际里程收费，不得拒绝乘客下车或多收费。

（9）根据乘客意愿升降车窗玻璃、使用音响、视频和空调等相关服务设备。劝阻和制止乘客将身体伸出车外、乱扔废弃物、在车内吸烟等行为。

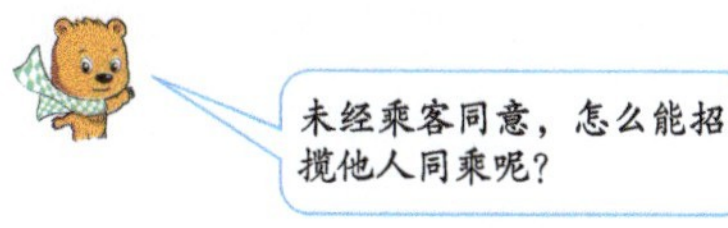

（10）因车辆或驾驶员原因造成车辆停驶时，应暂停计费。

（11）未经乘客同意，不得招揽他人同乘。

（12）应乘客要求停车等候时，未到约定时间不得擅自离开。出省、市、县境或夜间去偏僻地区时，宜按规定办理登记或相关手续。

（13）不得中途甩客或无故终止出租汽车运营服务。

小知识

### 巡游车驾驶员可拒绝提供服务的情形

巡游车驾驶员可拒绝提供出租汽车运营服务的情形有：

（1）乘客在禁止停车的路段扬手招车。

（2）乘客携带易燃、易爆、有毒有害、放射性、传染性等违禁物品乘车。

（3）醉酒者、精神病患者等在无人陪同或监护下乘车。

遇醉酒者、精神病患者等在无人陪同或监护下乘车的，可拒绝提供服务。

（4）乘客目的地超出省、市、县境或夜间去偏僻地区而不按规定办理登记或相关手续。

## 3 运营结束

（1）到达目的地后，应在允许停车路段就近靠路边停车，终止计费。

（2）车辆应与道路平行靠边停靠，并引导乘客由右侧下车。雨天停车时，车门应避开积水区域。

（3）按计程计价设备显示金额及相关规定收费，并出具出租汽车发票。

（4）乘客下车时，提醒乘客开车门时注意安全、携带好随身物品，并主动协助乘客提取行李。检视车厢内物品，向乘客道别。

## 4 暂停运营

因交接班、车辆故障、驾驶员用餐或休息等原因不能提供巡游车服务时，应使用暂停运营标志。

遇乘客在禁止停车的路段扬手招车的，可拒绝提供服务。

## 二 运营特殊情况处理

（1）乘客语言不通，无法确认目的地时，应帮助查询。

（2）乘客因醉酒等原因神志不清、无法明确去向时，应尽可能帮助查询或向公安部门求助。乘客身体不适时，应协助乘客拨打急救电话，视情采取相应急救措施。

（3）乘客对找零钞票提出更换要求时，应予以满足。乘客对服务不满意时，应虚心听取批评意见。被乘客误解时，应心平气和，耐心解释。

（4）计程计价设备或车辆发生故障时，应向乘客说明原因，请乘客改乘其他车辆，少收或免收车费。及时送检报修，不得继续运营。

（5）发现乘客遗失财物，应设法及时归还失主。无法找到失主的，应及时上交出租汽车公司或有关部门处理，不得私自留存。

（6）发现乘客遗留的可疑物品或危险物品的，应立即报警。

# 附录四 出租汽车计程计价设备使用知识

《巡游出租汽车经营服务管理规定》要求，巡游出租汽车车辆应当安装符合规定的计程计价设备。

## 一 计程计价设备的使用要求

计程计价设备是巡游出租汽车的重要标志，一方面要符合《出租汽车计价器检定规程》（JJG 517）的规定，另一方面要经质量技术监督部门检定合格。

计程计价设备主要包括里程传感器、空车待租标志、单片机、显示屏、打印机5个部分。里程传感器将出租汽车变速器输出的转动信号转换成电脉冲信号输入计程计价设备，计程计价设备中微处理器根据脉冲信号测量行驶时间、行驶车速和行驶里程进行计算，得出乘客应付的费用，并通过计程计价设备的显示屏显示金额。

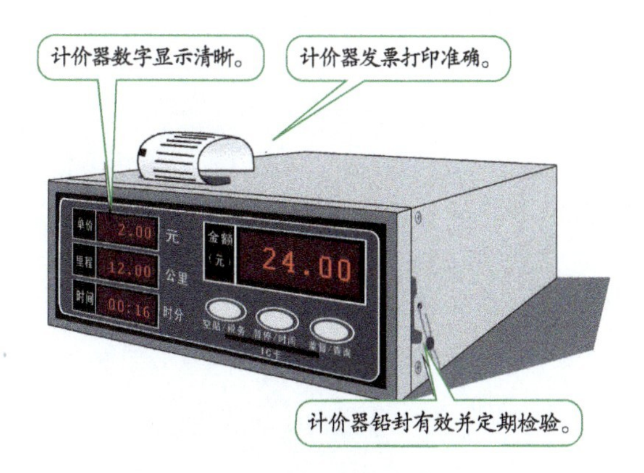


计程计价设备显示屏至少有4个显示窗口，包括金额屏、单价屏、计程屏、计时屏。使用计程计价设备有以下要求：

（1）做好运营前的检查工作，驾驶员主要检查计程计价设备铅封是否完好，通电后计程计价设备自检是否正常，显示屏显示是否正常，空车待租标志翻动是否自如，空车、重车转换是否正常。另外，价标、燃油附加费等标识应清晰有效、张贴规范。

（2）需要收取单程附加费的，驾驶员应先向乘客说明，然后按“单程”键。

（3）计程计价设备显示的车费不包含车辆通行费，一般不含燃油附加费，驾驶员应向乘客告知并做好解释工作，如实向乘客收费，不得向乘客收取返程的通行费。

（4）运营时发现计程计价设备有故障时，驾驶员必须终止运营，将计程计价设备送往具有维修资质的部门维修。车上有乘客时，驾驶员应向乘客说明，适当减收费用或只收起步价费用，乘客下车后要立即停止运营，维修计程计价设备。

（5）到达目的地后，乘客未付清车费前，驾驶员不要竖起空车待租标志，避免发生纠纷。

（6）计程计价设备的时钟误差要求是30天内不超过5min。误差范围内，不拆除铅封，可根据使用说明书进行时钟调整；时钟误差超过5min的必须送维修部门调整。

（7）计程计价设备的铅封应有效并定期检验，不得私自拆装、调整和维修计程计价设备，以及安装其他控制线路；驾驶员要及时清洁打印头和更换打印色带，确保发票打印流畅和清晰。

## 二 计程计价设备和空车待租标志的使用

出租汽车驾驶员要正确使用计程计价设备和空车待租标志，具体应按以下要求和方法使用：

（1）出租汽车运营候客时，驾驶员应竖起空车待租标志，使计价器处于空车状态。

（2）当乘客上车并在车辆起步后，驾驶员应压下空车待租标志，使计程计价设备处于乘车状态，夜间同时熄灭空车待租标志和标志顶灯，计程计价设备开始按距离、时间并计的计费方式进行计费。此时计程计价设备主机单价显示屏显示单价，金额屏显示基准价，计程和计时屏显示本次运营累计的行驶里程和等候时间。

（3）车速低于切换速度或者停车时，计价器开始计时，高于切换速度时只计行驶时程。

（4）出租汽车到达目的地后，驾驶员应按暂停键，使计程计价设备暂停计费。

（5）待乘客按计程计价设备显示的金额付费后，驾驶员应竖起空车待租标志，使计程计价设备处于空车状态，显示屏显示归零。